EDESIO SÁNCHEZ

El Reino y la Niñez

UN RECORRIDO BÍBLICO ENTRE FE, NIÑEZ Y JUVENTUD

Copyright © 2019 by Edesio Sánchez Cetina.

EL REINO Y LA NIÑEZ
Un Recorrido Bíblico entre Fe, Niñez y Juventud
de Edesio Sánchez. 2019, JUANUNO1 Ediciones.

ALL RIGHTS RESERVED. | TODOS LOS DERECHOS RESERVADOS.
Published in the United State by JUANUNO1 Ediciones,
an imprint of the JuanUno1 Publishing House LLC.
Publicado en los Estados Unidos por JUANUNO1 Ediciones,
un sello editorial de JuanUno1 Publishing House LLC.
www.juanuno1.com

JUANUNO1 EDICIONES, logos and its open books colophon, are registered trademarks of JuanUno1 Publishing House LLC. | JUANUNO1 EDICIONES, los logotipos y las terminaciones de los libros, son marcas registradas de JuanUno1 Publishing House LLC.

Colección: *Movimiento con la Niñez y la Juventud*

Todos los versículos bíblicos que aparecen como destacados o apartados en este libro corresponden a:
BJ09, Biblia de Jerusalén, Editorial Desclée De Brouwer, S.A., Bilbao, 2009.
DHH, Traducción Dios Habla Hoy.
DHH-EE, Dios Habla Hoy, Edición de Estudio, Sociedades Bíblicas Unidas, Miami, 1996.
LPD, La Biblia, Libro del Pueblo de Dios, Editorial Verbo Divino, 2015.
RV60, La Santa Biblia, Versión Reina-Valera, Sociedad Bíblica Americana, Nueva York, 1960.
TLA, Traducción en Lenguaje Actual, Eco Biblia, Sociedades Bíblicas Unidas, Miami, 2011.

REL109020 RELIGION / Christian Ministry / Children
REL091000 RELIGION / Christian Education / Children & Youth
REL067000 RELIGION / Christian Theology / General

Paperback ISBN 978-1-951539-11-5
Ebook ISBN 978-1-951539-12-2

Correctora: María de los Ángeles Roberto
Diagramación & Diseño de Portada: ZONA21.net
Director de la Colección: Harold Segura
Director de Publicaciones JUANUNO1 Ediciones: Hernán Dalbes

Firts Edition | Primera Edición
Hialeah, FL. USA.
- 2019 -

EDESIO SÁNCHEZ

El Reino y la Niñez

UN RECORRIDO BÍBLICO ENTRE FE, NIÑEZ Y JUVENTUD

Colección:

Publica y Distribuye:

*A Clementine Leonor,
con todo mi amor de abuelo.*

Edesio.

CONTENIDO

Prólogo
Un Dios juguetón y risueño,
cual niña alegre y amorosa 11

I. Biblia desde los ojos de la niñez. Propuestas exegéticas

Entrada al reino del niño
Desarrollo de una exégesis
desde la perspectiva infantil 19

Una niña: víctima y redentora
en medio de la violencia 49

«Porque de los tales es el reino de Dios»
El Reino de Dios: reino adulto o reino infantil 59

II. Jugando en el mundo: teología en clave de niñez

Para un mundo mejor,
el niño es el líder 85

Palabra de Dios: escatología
y política en América Latina
El Dios-niño, el juego y la nueva creación 107

III. Caminar con la niñez: propuestas pastorales

Niñez y juventud para un futuro mejor
¡Un mundo no apto para «adultos»! 131

Y un niño los pastoreará
Educación cristiana desde el niño 145

Pastoral de la infancia
Iglesia, familia y niño hoy 161

Anexos
Sobre el Autor 193
Sobre el Movimiento con la Niñez y la Juventud 197

PRÓLOGO

Un Dios juguetón y risueño, cual niña alegre y amorosa

Quienes hemos escrito en los últimos años acerca de la niñez desde la perspectiva teológica, reconocemos que mucho antes de nosotros(as) —y cuando casi ningún teólogo(a), ni biblista evangélico mencionaba el tema en América Latina y el Caribe—, ya Edesio Sánchez Cetina lo hacía combinando esas virtudes que pocos aúnan: sapiencia bíblica (es un reconocido traductor bíblico), hondura teológica (es un acreditado maestro de teología en decenas de instituciones teológicas) y sensibilidad pastoral (he disfrutado de su calidez pastoral en la iglesia local en San José, Costa Rica, donde él se reúne con su familia).

De manera que la puerta de entrada a estas reflexiones sobre niñez y teología fue abierta por Edesio. Y su pluma le otorgó rango de calidad académica al tema. Digo esto porque hasta entonces, hablar acerca de la niñez estaba reservado a las educadoras(es) y evangelizadores quienes buscaban, más allá de contenidos teológicos, fórmulas metodológicas para enseñar la fe a los niños y niñas y para animarlos a iniciar su camino de fe en Jesús. Así, la pedagogía para la niñez y su evangelización eran las áreas de interés que predominaban en las comunidades evangélicas entre maestros(as) y pastores(as). Poco había de hermenéutica bíblica y teología.

Edesio, movido por razones vocacionales y quizá también por razones familiares (era papá de su primer hijo) comenzó a pensar en el significado de las alusiones proféticas acerca de la niñez (el profeta Isaías, por ejemplo), del significado del pequeño Zaqueo (Lucas 19) y de las narraciones sobre Naamán el sirio (2 Reyes 5) para descubrir en ellos la lógica infantil que es, según él, la lógica del reino de Dios. Y así, con destreza de maestro, siguió viajando por los relatos bíblicos encontrándose con sus niños y niñas. Eran más de los que sabíamos, decían más de lo que creíamos y ocupaban un lugar que desconocíamos dentro de la *Historia de la Salvación*. Se encontró, y nos condujo hacia ellos, al Samuel y a otro niño, David, quienes fueron escogidos por el Señor en un momento en el que los reyes adultos y viejos habían convertido a Israel en catástrofe (1 Samuel). Vinieron después muchos textos bíblicos más. Y, como si lo anterior fuera poco, nos invitó a descubrir a Dios mismo como niño, como un "gran juguetón", que se burla de los poderosos y hace bromas de las autoridades políticas y religiosas que so pretexto de ser adultos memorables abusan de su pueblo. Ese Dios juguetón se ríe de ellos y disiente de su mezquindad. Prefiere la nobleza de los que no saben del poder. Opta por el pequeño Samuel, el indefenso David o por el profeta Eliseo quien como figura de niño (ya lo leerán en los capítulos de este libro) no se deja deslumbrar por el oro del poder representado por Naamán (2 Reyes). Esas lecturas (o mejor aún, relecturas) dejan clara la *opción preferencial de Dios por las personas pequeñas*. Y son estas lecturas las que le dan fundamento sólido a la teología de la niñez —teología bíblica de la niñez de la cual, en mi saber y entender, Edesio es patriarca (algo de humor: no lo es por su edad sino por su saber)— y develan el rostro escondido del Señor: lúdico, poético, inquieto, arriesgado y tierno, como nos lo reveló el mismo Jesús, glotón y bebedor de vino, según los fariseos, amigo de recaudadores de impuestos y de pecadores (Mateo 11.19).

Un eje trasversal o clave hermenéutica de las exploraciones bíblicas del autor es el reino (o reinado) de Dios. De allí el acertado título de la obra que tengo el honor de prologar. Jesús, como bien se sabe, no dejó una definición acerca del reino (tampoco de amor, ni de otros términos fundamentales del Evangelio). Su modelo de enseñanza no era como el de algunos maestros clásicos, ceñidos a la letra y orientado a los conceptos. No; Jesús no explicó el reino, sino que nos dio un modelo, el de su propia vida y ministerio (Lucas 11.20). También acudió a numerosas metáforas para enseñar las implicaciones del reino, además de señalar a quienes eran metáforas vivas de ese reino, entre ellos los niños y las niñas (Marcos 9.37). Edesio usa la palabra reino más de 150 veces en todos los capítulos del libro. Y nos dice que por más de treinta años ha investigado qué quiso decir el Maestro cuando afirmó que *"el reino de los cielos es de quienes son como ellos"* (Mateo 19.14). Incluso en América Latina donde hemos incursionado en infinidad de metáforas del reino, desde las más alambicadas y abstractas que lo ubican fuera de esta tierra, en la otra vida, hasta las más terrenales y concretas que lo asimilan a las conquistas políticas de un partido, Edesio nos presta un enorme favor al recordarnos lo que afirmó Jesús, que el reino es como los niños y las niñas. Por lo tanto, es un *reino de travesuras*, que se resiste a dejarse atrapar por la cordura de este mundo y prefiere la locura de Dios (1 Corintios 15.25-31), elige seguir soñando con la justicia, la paz y la misericordia, que rendirse ante "los monstruos grandes que pisan fuerte a toda la pobre inocencia de la gente", como canta León Gieco. Si el reino es como los niños y las niñas, entonces involucra una actitud de confianza y de apertura a la gracia del Señor. En ese reino no hay lugar para quienes se jactan de su propio poder, ni presumen de superioridad. Es reino de humildad, sencillez, pequeñez, alegría, paz, justicia y ternura, entre otras virtudes. Por sus puertas entra Zaqueo, también Naamán. Este comprobó la gracia del Dios viendo cómo su piel se volvió como la de un niño (2 Reyes 5.15), expresión que según subraya Edesio, significa conversión y cambio de conducta. Así es el reino, como niño que sueña, como niña que trasmite alegría, como muchachada que nos sorprende con sus travesuras y nos invita a pensar que nuestro mundo puede ser distinto, como lo espera el Señor.

El *Movimiento con la Niñez y la Juventud* agradece al Dr. Edesio Sánchez Cetina por esta inapreciable contribución al quehacer teológico y a la hermenéutica bíblica desde la niñez. También nuestra gratitud al Dr. Nicolás Panotto por ser la persona que tomó la iniciativa para invitar al autor a compilar los textos y quien los organizó en bloques temáticos. Es un honor ser amigo de ambos, cómplice de varias travesuras editoriales (ya hemos hecho otras) y ávido lector de sus textos. ¡Bienvenida esta nueva obra de Edesio! Esperamos que vengan otras más.

HAROLD SEGURA

Coordinador de la Mesa de Teología y Biblia
del *Movimiento con la Niñez y la Juventud*.

Director de Fe y Desarrollo de *World Vision*
para América Latina y el Caribe.

Director de la colección *Movimiento con la Niñez y la Juventud*,
de JUANUNO1 Ediciones.

PARTE 1

Biblia desde los ojos de la niñez.
Propuestas exegéticas.

ENTRADA AL REINADO DEL NIÑO

Desarrollo de una exégesis desde la perspectiva de la niñez

Hace más de 30 años empecé a ponderar la afirmación de Jesús sobre el Reino de Dios y su primerísima pertenencia a los niños y a los que son como ellos (Mc 10.14-15; Mt 19.14-15; Lc 18. 16-17). Mi interés se centraba en encontrar textos en la misma Biblia que confirmaran esa afirmación, no solo en relación con los niños sino, sobre todo, en relación con los adultos: ¿Qué adulto o adultos en ambos testamentos habían experimentado su pertenencia al Reino de Dios por hacerse como niños? El resultado de la investigación es lo que presento en esta obra.

En primer lugar, presentaré dos relatos, uno del Nuevo Testamento y el segundo, del Antiguo Testamento. Ambas narraciones muestran cómo dos individuos totalmente ajenos al proyecto soteriológico de Dios, llegan por la gracia de Dios y el trabajo de figuras infantiles —niños o niñas reales o adultos cuyas acciones y proyectos de vida los introducen de lleno al «reino de los niños». De allí, el uso en este material de la metáfora infantil. En segundo lugar, tomaré en consideración algunos textos y relatos que muestran cómo trabaja la metáfora infantil y cómo individuos y grupos, incluyendo individuos del reino animal entran en ese reino y se hacen miembros de él.

De ejecutivo corrupto a niño
«¡Una reflexión no apta para adultos!»

El primer texto con el que me encontré fue el de Lc 19.1-10 (DHH). Veamos de cerca este importante pasaje para la reflexión teológica así como para una pastoral desarrollada desde la metáfora infantil:

> "¹Jesús entró en Jericó. ²Allí vivía Zaqueo, un hombre muy rico que era jefe de los cobradores de impuestos. ³Zaqueo salió a la calle para conocer a Jesús, pero no podía verlo, pues era muy bajito y había mucha gente delante de él. ⁴Entonces corrió a un lugar por donde Jesús tenía que pasar y, para poder verlo, se subió a un árbol de higos.
> ⁵Cuando Jesús pasó por allí, miró hacia arriba y le dijo: 'Zaqueo, bájate ahora mismo, porque quiero hospedarme en tu casa'.
> ⁶Zaqueo bajó enseguida, y con mucha alegría recibió en su casa a Jesús.
> ⁷Cuando la gente vio lo que había pasado, empezó a criticar a Jesús y a decir: '¿Cómo se le ocurre ir a la casa de ese hombre tan malo?'
> ⁸Después de la comida, Zaqueo se levantó y le dijo a Jesús:
> —Señor, voy a dar a los pobres la mitad de todo lo que tengo. Y si he robado algo, devolveré cuatro veces esa cantidad.
> ⁹Jesús le respondió:
> —Desde hoy, tú y tu familia son salvos, pues eres un verdadero descendiente de Abraham. ¹⁰Yo, el Hijo del hombre, he venido para buscar y salvar a los que viven alejados de Dios."

La reflexión resultante a partir de la exégesis del texto bíblico es la siguiente: Si colocamos juntos a un árbol y a un niño, la imagen que de inmediato se nos formará es la del niño trepado en el árbol. Es muy difícil imaginar lo contrario. Pero si colocamos a un empresario junto al árbol, muchas cosas pueden ocurrírsenos. Por ejemplo, si el árbol es frutal, hará negocio con sus frutos; si la madera es utilizable, la cortará para hacer muebles o para darle algún uso que produzca ganancias.[1] Los niños se suben a los árboles de manera natural; porque son niños. Su mente está en el juego. Si los adultos lo hacen, de inmediato se piensa en una razón especial como «para bajar frutos», «para cortar sus ramas». Si ese adulto es un hombre rico y negociante, su mente está en hacer ganancias.

Zaqueo era un hombre adulto, rico, jefe de los recaudadores de impuestos para Roma, que se subió a un árbol. Pero Zaqueo no lo hizo con el fin de obtener ganancias de él, sino para ver a Jesús. Por un momento permitió que su atención no se enfocara en el dinero y en las riquezas, sino en Jesús. La subida al árbol y la razón de hacerlo fue el primer acto que realizó Zaqueo, no como un adulto rico y corrupto, sino como un «niño». Subió por curiosidad, para ver «quién era Jesús». Una acción «absurda» realizada por alguien de quien no se esperaba pero que, al hacerse niño, se vio, frente a frente, con la salvación.

Imagínese, querido lector, a Zaqueo, en un día común, paseando por las calles de Jericó: un hombre de edad avanzada, de complexión gruesa, bajito de estatura, con ropas lujosas, ampliamente conocido por todo el mundo, odiado por unos y admirado por otros. De pronto, aparece trepado a un árbol

---

[1] Es interesante lo que dice del sicómoro George Adam Smith, en "*El sicómoro [fue] empleado como frutal y madera*", *Geografía de la Tierra Santa*, Edicep, Valencia, 1985, p. 42.

de higos, sin otra razón que su curiosidad por ver quién era el visitante del día. En ninguna parte del Evangelio se nos informa que Zaqueo conociera previamente a Jesús. El relato, tal como nos lo presenta Lucas, no nos da otra alternativa más segura que concluir que Zaqueo no sabía nada de Jesús, ni lo conocía. Todo lo que ocurrió después de la subida al árbol fue realmente sorpresa para Zaqueo. La curiosidad fue la que lo llevó hasta allí y, por ello, Zaqueo penetró al «mundo» infantil. Zaqueo no solo subió al árbol, sino que también corrió para subirse a él. El sentido de urgencia lo da, de nuevo, la curiosidad de conocer a Jesús, no la urgencia por asegurar un negocio o hacerse más rico. Esa acción absurda atrajo la atención de Jesús. Porque todo aquel que se atreve a hacerse como un niño tiene abiertas las puertas del Reino pues se atreve a aceptar los «absurdos» del Reino y de Dios.

La segunda acción absurda de Zaqueo fue la de obedecer la orden de Jesús de «bajar de prisa del árbol» y la de recibir gozoso al visitante desconocido. Más cualidades de niño no podía tener Zaqueo porque obedece la orden de un adulto, baja de prisa del árbol y recibe en la casa a un desconocido.

La tercera acción ilógica de Zaqueo fue la de ofrecer la mitad de sus bienes a los pobres y devolver cuadruplicado el dinero defraudado a otros. ¿Qué empresario sensato, de acuerdo con los cánones del mundo, ofrece la mitad de sus bienes a los pobres y promete devolver cuadruplicado un dinero que legalmente nadie le exige? Cualquier empresario sabe que no hay peor inversión que dar dinero a los pobres. Solo quien se coloca en la esfera del absurdo divino lo hace: *"Porque ya conocéis la gracia de nuestro Señor Jesucristo, que por amor a vosotros se hizo pobre, siendo rico* (2 Cor 8.9)". Si hasta las empresas «cristianas» y las mismas iglesias modernas consideran fuera de lo sensato hacer lo que hizo Zaqueo. El razonamiento moderno es el siguiente: «Sí, queremos ayudar a los pobres pero vamos a hacerlo con inteligencia. Vamos a acumular varios miles o millones de dólares, los invertiremos, y de sus intereses ayudaremos a los pobres». Así aseguran que nunca caerán en bancarrota y que siempre tendrán algo para darles a los pobres. Pero esas empresas e iglesias nunca quedan pobres, ni tampoco dan «todo», ni la mitad a los pobres. Las cargas fiscales, los pagos de compra y mantenimiento de los edificios que albergan a los burócratas que manejan el dinero de los pobres; los salarios de los administradores del dinero de los pobres; todo ello se asegura, para poder ayudar a los pobres. Se invierte en el capital de grandes empresas multinacionales que pagan los intereses pero que se embolsan jugosas ganancias del dinero reservado para los pobres. Y, de los intereses pagados, falta descubrir qué porcentaje realmente llega a los pobres y cuánto se va en salarios, edificios y otras cargas administrativas. Pero en la filosofía y razonamiento divinos, en el juego de Dios y el absurdo del Reino, «la iglesia es la única institución que, sin ser irresponsable, puede gastar sus recursos a manos llenas en un arranque de compasión».[2] Es decir, la iglesia está llamada, como Zaqueo, a darlo todo para ganarlo todo.

Es importante señalar que ninguna motivación egoísta o de beneficio personal movió a Zaqueo; ni siquiera la oferta de salvación personal. De hecho, la promesa de Zaqueo de dar sus bienes a los pobres sigue a la murmuración de los demás que acusaban a Jesús de haber entrado en casa de un hombre pecador. Zaqueo, como lo haría un niño, decidió dar todo como respuesta a la inmensa alegría de sentirse bien por haber

---

2 Lupton, Robert D. *Theirs is the Kingdom. Celebrating the Gospel in Urban America*, Harper & Row, San Francisco, 1989, p. 91.

recibido a alguien como Jesús en su casa. La decisión de Zaqueo de hacerse niño fue la acción que lo acercó a Jesús y le dio el acceso al Reino porque «De los niños es el Reino de los cielos». Jesús le abrió a Zaqueo las puertas del Reino porque este se hizo como niño. Es desde esa perspectiva que Jesús consideró a Zaqueo y, en ella, definió el ser de aquel hombre a quienes otros veían de otra manera.

Es instructivo buscar en el relato los verbos y expresiones que definen a los personajes. Una vez se hace referencia a Jesús: «Zaqueo procuraba ver quién *era Jesús*» (v.3). Cuatro veces se hace referencia a Zaqueo: en los versículos 2 y 3 el narrador Lucas dice que Zaqueo «*era jefe de los publicanos, y rico*» y que «*era pequeño de estatura*», presentando así al personaje principal a los lectores. En el versículo 7, la multitud define a Zaqueo como «un hombre *pecador*». En el versículo 9, Jesús dice de Zaqueo que «él también *es hijo de Abraham*». La presentación descriptiva de Zaqueo que hace Lucas tiene la intención de definir quién es el personaje principal del relato. Sin embargo, para cualquier judío de esa época, decir que un hombre era «jefe de los recaudadores de impuestos» y «rico», significaba exactamente lo que se dice de Zaqueo en el versículo 7, que era «un hombre pecador». A los ojos de la multitud judía, Zaqueo no podía ser más que un hombre malvado y pecador. Basta con descubrir qué dicen los historiadores acerca de los recaudadores de impuestos de la época de Jesús para poder entender el sentimiento de las masas hacia aquellos. Zaqueo no era un simple recaudador; era jefe de recaudadores. Es decir, él contrataba a hombres para que trabajaran para él recaudando impuestos en su provincia. Los comerciantes y agricultores que querían vender sus mercancías y productos en territorios vecinos tenían que pagar tasas que les dejaba un margen casi nulo de ganancias. Como muchos de esos comerciantes tenían que pasar por varias provincias, el impuesto a sus mercancías se cobraba varias veces, al pasar por los diferentes puestos de recaudación. Los viajeros tenían la obligación de declarar lo que llevaban consigo, aun las cosas que estaban libres de impuesto, como sus pertenencias personales. Los recaudadores tenían el derecho de revisar y confiscar la mercancía no declarada. Además, como necesitaban hacer ganancias para ellos y para sus jefes, siempre cobraban más de lo legalmente establecido por Roma. Por eso los fariseos y rabinos consideraban a los recaudadores de impuestos como impuros, porque usaban maneras deshonestas para ganarse el dinero. El judío común los consideraba como bandidos y ladrones. Para un judío celoso de la Ley y de su religión, la conversión de un recaudador o publicano, como le llamaban, era casi imposible. La multitud ve en Zaqueo a un publicano pecador, impuro y corrupto; a quien le sería imposible alcanzar la salvación. Pero Jesús dice de él: «es hijo de Abraham», pertenece al Reino de Dios y le anuncia que «... hoy ha venido la salvación a esta casa».

La curiosidad infantil, los actos «irreflexivos» y «absurdos» de Zaqueo, lo acercaron a Jesús y este le abrió de par en par las puertas del Reino. Hoy, nuestra sociedad necesita de «Zaqueos» que estén dispuestos a hacerse como niños y realizar actos absurdos e irreflexivos para encontrarse con Jesús, para abrirle de par en par sus puertas y para manifestar la bondad en abundancia. En uno de los números de la revista *Selecciones* me cautivó la siguiente frase que refleja bien el espíritu «zaqueano» del relato evangélico: «Practica el bien ciegamente y realiza irreflexivos actos de bondad». Estos actos que, a los ojos de la cultura actual, se definen como «irreflexivos», «absurdos», «ciegos», son a los ojos de Dios los actos más sensatos de compasión y sobreabundancia de amor divinos. Esos actos que —como el vino de las bodas de Caná, la alimentación de la multitud, la pesca milagrosa— la mente de quienes formamos parte del Reino de Dios no cuestiona, sino que celebra en festivo espíritu infantil.

*

De general a soldado raso
«¡Qué difícil es aprender a ser niño!»

En 2 Reyes 5:1-37 está el segundo pasaje que nos habla del tortuoso camino de un adulto poderoso que aprendió la manera de volverse «niño»:

> "*¹Naamán era general del ejército de un país llamado Siria. Era un hombre muy importante y el rey lo quería mucho porque, por medio de él, Dios le había dado grandes victorias a Siria. Pero este valiente soldado tenía una enfermedad de la piel llamada lepra.*
>
> *²A veces los sirios iban y atacaban a los israelitas. En una de esas oportunidades, tomaron prisionera a una niña que fue llevada a la casa de Naamán para ayudar a su esposa. ³Esa niña le dijo a la esposa de Naamán: '¡Si mi patrón fuera a ver al profeta Eliseo, que vive en Samaria, se sanaría de la lepra!'*
>
> *⁴Cuando Naamán se enteró de esto, fue a ver al rey y le contó lo que había dicho la niña. ⁵El rey de Siria le contestó: '¡Ve enseguida a Samaria! ¡Voy a darte una carta para el rey de Israel'.*

Así que Naamán tomó treinta mil monedas de plata, seis mil monedas de oro y diez vestidos. Partió de allí, [6]llevando la carta para el rey de Israel, la cual decía: 'Te envío esta carta para que sepas que Naamán, general de mi ejército, va de mi parte, y quiero que lo sanes de su lepra'.

[7]Cuando el rey de Israel leyó la carta, se angustió tanto que rompió su ropa, y dijo: '¡Yo no soy Dios! No puedo dar vida ni quitarla. ¿Por qué el rey de Siria me manda este hombre para que lo sane de su lepra? Seguramente está buscando un pretexto para pelear conmigo'.

[8]Cuando el profeta Eliseo se enteró de que el rey estaba tan angustiado, le envió este mensaje: '¿Por qué rompiste tu ropa? Deja que ese hombre venga a verme, para que se dé cuenta de que hay un profeta de Dios en Israel'.

[9]Así que Naamán fue con su carro y sus caballos, y se detuvo a la puerta de la casa de Eliseo. [10]El profeta le envió un mensajero, diciendo: 'Ve y métete siete veces en el río Jordán, y te sanarás de la lepra'.

[11]Naamán se enojó y se fue diciendo: 'Yo pensé que el profeta saldría a recibirme, y que oraría a su Dios. Creí que pondría su mano sobre mi cuerpo y que así me sanaría de la lepra. [12]¡Los ríos Abaná y Farfar, que están en Damasco, son mejores que los de Israel! ¿No podría bañarme en ellos y sanarme?' Así que se fue de allí muy enojado.

[13]Pero sus sirvientes se acercaron a él y le dijeron: 'Señor, si el profeta le hubiera pedido que hiciera alguna cosa difícil, usted la habría hecho. ¡Con más razón, debiera hacerle caso y meterse en el río Jordán para sanarse!'

[4]Naamán fue y se metió siete veces en el río Jordán como le había dicho el profeta. Enseguida su piel quedó sana y suave como la de un niño. [15]Luego Naamán y todos sus acompañantes regresaron a ver a

Eliseo. Cuando Naamán llegó ante el profeta, le dijo:

—Ahora estoy seguro de que sólo en Israel se adora al verdadero Dios. Por favor, acepta un regalo de este tu servidor.

[16]Eliseo le contestó:

—No voy a aceptar ningún regalo. Lo juro por el Dios al que sirvo.

Naamán le insistió para que lo aceptara, pero Eliseo no quiso. [17]Entonces Naamán le dijo:

—Permíteme llevar toda la tierra que pueda cargar en dos mulas, porque de ahora en adelante voy a ofrecer sacrificios y ofrendas sólo a Dios. No se los ofreceré a ningún otro dios. [18]Sólo espero que Dios me perdone, cuando mi rey vaya a adorar al templo de Rimón, y yo tenga que acompañarlo. El rey se apoyará sobre mi brazo y tendré que arrodillarme en ese templo, ¡que Dios me perdone!

[19]Eliseo dijo:

—Vete tranquilo.

Naamán se fue, y cuando ya se había alejado bastante, [20]Guehazí, el sirviente de Eliseo, pensó: 'El profeta Eliseo ha dejado ir a Naamán sin aceptar ningún regalo. Voy a correr detrás de él para conseguir algo. Lo juro por Dios'.

[21]Entonces Guehazí siguió a Naamán, y cuando éste vio que Guehazí corría tras él, se bajó del carro y le preguntó:

—¿Está todo bien?

[22]Guehazí contestó:

—Sí, todo está bien. Eliseo me envió a decirle que dos profetas jóvenes acaban de llegar de las montañas de Efraín. Él le ruega que les dé tres mil monedas de plata y dos vestidos completos.

[23]Naamán dijo:

—Por favor, acepta seis mil monedas de plata.

Naamán insistió en que las aceptara, y las puso en dos bolsos, junto con los dos vestidos. Todo esto se lo dio a dos sirvientes suyos, para que acompañaran a Guehazí de regreso. ²⁴Cuando llegaron al monte Carmelo, donde vivía Eliseo, Guehazí tomó los bolsos que llevaban los sirvientes de Naamán y los guardó en la casa. Después se despidió de los hombres.

²⁵Guehazí entró en la casa y se presentó delante de Eliseo, quien le preguntó:

—¿De dónde vienes, Guehazí?

—No he ido a ningún lado —contestó Guehazí.

²⁶Pero Eliseo le dijo:

—Yo sé que Naamán se bajó de su carro para recibirte, pues yo estaba allí con mi pensamiento. Éste no es el momento de aceptar dinero, ropa, viñedos o huertos de olivos, ovejas, toros ni esclavos. ²⁷Y como tú aceptaste el regalo de Naamán, su lepra se te pasará a ti y a tu familia para siempre. Cuando Guehazí se separó de Eliseo, ya estaba enfermo de lepra. Su piel quedó pálida como la nieve."

El análisis que sigue es resultado de la relectura, desde la perspectiva de Naamán, del texto de 2 Reyes 5. El relato se divide en tres partes:

(a) la curación de Naamán (vv. 1-14);

(b) la conversión de Naamán (vv. 15-19);

(c) la mentira y codicia de Guiezi (vv. 20-27).

En esta historia se narra la hazaña de una niña quien, en la misma línea del nombre del profeta Eliseo, «*mi Dios salva*», busca ayudar a su amo para que este se convierta del hombre adulto, poderoso y enfermo, al niño saludable, vulnerable y lleno de vida. Ella era una *na'erá qetonáh* («niña pequeña»), esclava en casa de Naamán, que había sido secuestrada en una de las escaramuzas que, de manera frecuente, practicaba el ejército sirio en territorio israelita (v. 2). En otras palabras, era una «prisionera de guerra».[3]

A pesar de su situación de esclava de guerra, arrebatada de su familia a tan tierna edad, a merced de las disposiciones de sus amos, esta niña no consideró ni la amargura ni la venganza como estilo de vida, sino el del velar por el bienestar de su amo y de su salud. Naamán, a pesar de su posición de varón, de miembro de la élite de poder sirio, admirado y respetado en su nación y, al decir de la Escritura, *«por medio de él, Dios le había dado grandes victorias a Siria»* (v. 1, TLA), era leproso. De entrada, en la narración, se marca el radical contraste entre Naamán y la niña esclava. Él es poderoso y ella, vulnerable; él tiene nombre propio, ella, anónima; él está con su familia y su entorno natural, ella, en cambio, alejada de su familia y de su comunidad. Sin embargo, según cuenta la historia, ella posee algo que Naamán no tiene; la solución a su problema de salud: «Esa niña le dijo a

---

[3] ***Cómo se obtenían los esclavos***: *Por captura.* Los cautivos, especialmente los prisioneros de guerra eran por lo general reducidos a la esclavitud (Gn 14:21; Nm 31:9; Dt 20:14; 21:10ss; Jue 5:30; 1 S 4:9; 2 R 5:2; 2 Cr 28:8, 10ss), costumbre que se remonta a los primeros documentos escritos, hasta más o menos el año 3000 a.C. y probablemente aún más allá (referencias en Mendelsohn: 1–3). *Por secuestro.* El acto de robar una persona, como también el de reducir a una persona secuestrada al estado de esclavitud, eran faltas que acarreaban la pena capital para el culpable, tanto en las leyes de Hamurabi (Pritchard, 1966: 166) como en las de Moisés (Ex 21:16; Dt 24:7). *Esclavos extranjeros.* 1. A diferencia de los esclavos hebreos, estos podían ser esclavizados permanentemente, y podían ser pasados de unos a otros juntamente con las demás posesiones de la familia (Lv 25:44–46). Sin embargo, fueron incluidos en la mancomunidad hebrea sobre la base de precedentes patriarcales (la circuncisión, Gn 17:10–14, 27) y participaban de las fiestas (Ex 12:44, la pascua; Dt 16:11, 14) y del día de reposo (Ex 20:10; 23:12).

la esposa de *Naamán: ¡Si mi patrón fuera a ver al profeta Eliseo, que vive en Samaria, se sanaría de la lepra!*» (v. 3, TLA). Y a partir de este punto se desarrolla el relato hasta su desenlace. A través de la historia, el narrador tiene como propósito mostrarles a los oyentes cuál es la verdadera alternativa para resolver un problema de vida, tal como lo vivía el poderoso Naamán y, como consecuencia de su estado de salud, su misma familia y el resto de su nación. Es obvio, como sucede en todo buen relato, que el autor nos llevará por los vericuetos de la complicación o nudo de la trama antes de conducirnos al clímax y al desenlace de la historia. Veamos todo, paso a paso.

De acuerdo con el narrador, la niña ha sido bien clara al indicarles a sus amos quién tiene la solución del problema de salud de Naamán y dónde hallarlo. A pesar de eso —y esto es exactamente lo que quiere el narrador recalcar—, Naamán, ante la noticia que le da la esposa, en lugar de recurrir a la niña, quien tenía la información correcta y precisa, se dirige, sin pensarlo dos veces, a informarle al rey de Siria. Y, así sucederá en el resto de la historia, cada vez que Naamán recurre a los «adultos poderosos y hegemónicos» buscando solución a su problema, su salud y su restauración total sufrirán un terrible retraso o simplemente no obtendrá el resultado deseado. Un cuidadoso análisis del relato mostrará que hay dos tipos de personajes a lo largo de la historia: los «héroes» y los «antihéroes». Los segundos se definen a partir de individuos y conductas que buscan mantener las reglas de juego del *statu quo* y de resolver los problemas por la vía del «mundo real». Con ellos como «ayudantes», Naamán nunca logrará sanarse ni restituirse. Los primeros, es decir, los «héroes» se definen a partir de individuos y conductas marcadas por el paradigma o imagen de la infancia y, obviamente, van en contra de las reglas y parámetros del *statu quo*. En otras palabras, los unos son "«los niños» y los otros, «los adultos». Entre los «adultos» tenemos al rey de Siria, al rey de Israel; entre los «niños» la primera es la niña esclava y también están el profeta y los siervos de Naamán. En el relato, Naamán empieza del lado «adulto» pero termina del lado «infantil»; a diferencia de él, Guiezi empieza como «niño» pero termina como un «adulto» antihéroe.

Es muy elocuente constatar y comparar la conducta de los dos reyes del relato. El rey de Siria —como era de esperarse en este relato—, nos deslumbra con su desplante de poder y riqueza desmesurada. Le da órdenes precisas a Naamán, le da órdenes precisas al rey de Israel y envía a Naamán con una desproporcionada carga de oro, plata y ropas lujosas (vv. 5-6). El rey de Israel, por su parte, al recibir la carta de su colega se llena de angustia, lo invade el terror y queda totalmente nulificado; su conclusión no puede ser otra: «Está buscando un pretexto para pelear conmigo» (v. 7, TLA). Ambos detentan el poder y tienen el control de sus respectivos pueblos; pero en este relato, el rey de Israel solo piensa en sí mismo, en salvar el pellejo y, como consecuencia, no tiene la capacidad de recordar —o al menos de informarse—que en Israel «hay un profeta de Dios» (v. 8), asunto que la niña sí tenía bien claro. Si comparamos la situación de vida de la niña y la del rey de Israel podemos concluir que ambos sufren a consecuencia del poder avasallador y devastador del rey de Siria. Sin embargo, actúan de manera diferente ante esa situación. El rey de Israel sigue el juego de las reglas del *statu quo* y, por no tener las agallas de enfrentarse al poder hegemónico de Siria, se refugia en la salida egotista «del sálvense quien pueda», la del individualismo, la de la falta de solidaridad, la del miedo y la apatía. La niña, por su parte, no apela a las reglas del *statu quo*, no «pierde la cabeza» ante las situaciones de angustia y adversidad, ni se encierra en su dolor y pena, sino que perdona, piensa en el otro y va directamente a la fuente de la solución del problema que vive «el enemigo».

Entra en escena el profeta Eliseo. Es uno de los héroes de la historia y aparece con la imagen de «niño». Es importante considerar, sobre todo en la persona de Eliseo, que la metáfora del niño en los relatos bíblicos no es la del abúlico, ni la del «echado atrás», ni mucho menos la del pusilánime o cobarde —como es el caso del rey de Israel. Sabe qué tiene a su alcance y, dentro de sus posibilidades y habilidades, hace uso de ellas para salir avante, no en su favor, sino tomando el camino de la solidaridad y la justicia: «¡Mándeme usted a ese hombre, para que sepa que hay profeta en Israel!» (v. 8). Cuando Naamán llega, con todo su poderío económico, ante la casa del profeta, Eliseo no se deja deslumbrar ni por el oro ni por la plata ni por los lujosos ropajes. Es más, ni siquiera se molesta en salir a recibir al dignatario. Envía a su asistente —que es sin lugar a duda Guiezi— para darle las instrucciones de lo que debería de hacer si quería recobrar la salud. Obviamente, Naamán se enfurece por esa humillación y desacato. ¡Qué diferente es la conducta de Eliseo respecto de la del rey de Israel! Si el rey de Israel se llena de pavor y queda petrificado ante la carta del rey y la presencia de Naamán en su palacio, Eliseo, por su parte, no solo recibe a Naamán con el fin de ayudarlo a recobrar su salud, sino que lo obliga a él y al aparato imperial a «jugar» siguiendo los criterios del reino de Dios, el de los niños, y no los del *statu quo*:

> "[11]*Naamán se enfureció y se fue, quejándose: «¡Yo creí que el profeta saldría a recibirme personalmente para invocar el nombre del S*ᴇÑᴏʀ *su Dios, y que con un movimiento de la mano me sanaría de la lepra!*

> [12] *¿Acaso los ríos de Damasco, el Abaná y el Farfar, no son mejores que toda el agua de Israel? ¿Acaso no podría zambullirme en ellos y quedar limpio?» Furioso, dio media vuelta y se marchó".*

No, Eliseo no le sigue el juego al sistema y los sirvientes de Naamán lo saben muy bien (v. 13). Ellos, como la niña anónima y Eliseo, llegado el caso, se manejan con otras reglas. Así que, con mucho respeto, pero con firmeza, empujan al amo a someterse a las reglas de juego del reino de Dios, de los niños. Y, aquí precisamente, empieza el gran cambio en la vida de Naamán; podemos decir sin lugar a dudas, ¡su conversión! Ahora bien, hasta ahora, la niña de los versículos 2 y 4 no ha aparecido de nuevo en el relato —¡y ya estamos en el versículo 14!; pero esta apreciación es tan solo deducida de una lectura superficial de 2 Reyes 5 porque el narrador ha diseñado el texto con tal arte y destreza que la niña y su proyecto de salvar a su amo están presentes a través de todo el relato. Varios son los elementos por medio de los cuales el autor demuestra esa presencia. El más obvio es la información que ella da en el versículo dos. Está presente también en la respuesta —aunque equivocada— de Naamán y la de Eliseo y toda la acción que desencadenó hasta llegar al versículo 14. Este versículo es clave pues en él aparece, en primer lugar, el verbo «se volvió» y, en segundo lugar, la palabra «niño». Esta palabra traduce la expresión hebrea *na'ar qatón*, y es el correspondiente masculino de la frase hebrea femenina del versículo dos: «niña pequeña». De este modo, el autor del relato coloca todo lo dicho en los versículos 3-13 dentro del marco formado por los versículos 2 y 14 en donde se encuentra la expresión «niña/o pequeña/o». La salvación de Naamán consistirá, afirma el narrador, en «convertirse en niño». Es decir, la niña esclava de guerra y anónima es el paradigma que marca el cambio tanto de salud como de estilo de vida y conducta del poderoso comandante del ejército sirio, Naamán.

Por eso es también necesario resaltar el papel importante que juega el verbo «volverse» (*shub*, en hebreo). El hecho de que la piel de Naamán «se volviera como la carne *de un niño*» (RV60) no es otra cosa que el primer paso de su conversión total, conversión que en la teología del texto de 2 Reyes 5 no es otra cosa que «volverse niño» como la niña anónima del versículo dos. El verbo «volver» aparece de nuevo en el versículo 15 y con él se marca la «conversión» total de Naamán. A partir de aquí, la actitud y conducta del general cambian de manera radical. Hablemos de esa conversión punto por punto.

El segundo «volver» (v. 15) se refiere al «regreso» de Naamán a la casa del profeta. Pero nótese el cambio que ha ocurrido en la vida del admirado militar. Ya no es el que ordena sino el que solicita humildemente (vv. 15, 17-18). A partir de ese segundo *shub*, Naamán no se presenta ante el profeta ni habla de sí mismo de otra manera que no sea como «siervo» (cuatro veces aparece esta palabra en 15-18). Como tal, ha dejado su posición de jefe y adulto y poderoso para colocarse al nivel de sus criados o sirvientes (en el v. 12, aparece la misma palabra hebrea de los vv. 15-18, *ebed*) que es el mismo grupo al que pertenece la niña esclava de guerra del versículo dos. ¡Vaya conversión! ¿No?

Pero el cambio radical de Naamán no termina en el uso de la palabra «siervo» para referirse a sí mismo, sino en lo que sigue diciendo. En primer lugar, afirma su nueva fe en YHVH, Dios de Israel, y ofrece su ofrenda. Pero como ya lo había constatado anteriormente Eliseo, la oferta de salvación era por gracia y, por ello, no aceptaba pago alguno por la conversión de Naamán. En segundo lugar —y aquí se nota su cambio de adulto a niño—, Naamán le solicita a Eliseo: «*Permíteme llevar toda la tierra que pueda cargar en dos mulas, porque de ahora en adelante voy a ofrecer sacrificios y ofrendas sólo a Dios. No se los ofreceré a ningún otro dios*» (v. 17, TLA). Aquel hombre adulto y orgulloso que había rechazado al río Jordán como un riachuelo insignificante (v. 12), ahora, como niño que ha pasado unos días en la playa y pide a los padres llevar arena para armar su cajón de arena y soñarse a la orilla del mar, pide dos cargas de tierra del mismo país del que antes se había burlado. En tercer lugar, y como clímax de su conversión total, en una acción de pura lógica infantil, le pide a Eliseo: «En esto perdone Jehová a tu siervo: que cuando mi señor el rey entrare en el templo de *Rimón para adorar en él, y se apoyare sobre mi brazo, si yo también me inclinare en el templo de Rimón; cuando haga tal, Jehová perdone en eso a tu siervo*» (v. 18, RV60). La respuesta de Eliseo no podría ser otra. Con la misma lógica infantil le dice: «Vete tranquilo» (v. 19, TLA). ¿Cómo puede ser que este recién «convertido» a la fe yahvista pidiera tal cosa? ¿Inclinarse ante la imagen del ídolo del dios extranjero? Y, ¡peor todavía!, que el mismo profeta de YHVH se atreviera a responderle que lo hiciera, que según él no había problema alguno.

Pero precisamente esa es la lógica infantil, la lógica del reino de Dios. Si no hay de por medio intención malvada ni idolátrica ante Dios, ¿por qué caer presa de dogmatismos y actitudes inflexibles? En el mundo de los niños tienen espacio abierto el juego, la creatividad, la sorpresa y la libertad. En este mundo las estructuras no se transforman nunca en ley. Cada día se presenta como un espacio libre que permite que todo se inicie de nuevo. Ese es el comienzo —tan novedoso y sorpresivo e impensable en el mundo adulto del racionalismo y la lógica del *statu quo*, del mundo «real»— al que se refiere el profeta Isaías en 11:3-6. Todas las leyes, naturales, sociales y políticas se trastruecan en el reino mesiánico de Dios, el mundo de los niños. ¡Los enemigos más encarnizados viven juntos y se comportan como compañeros de juego! Y lo más extraordinario es que su líder no es otro más que ¡un niño!, un *na'ar qatón* (v. 6), como la niña de 2 Reyes 5 y como el Naamán transformado en niño de ese mismo relato.

Con los versículos 20-27 el relato sobre la curación de Naamán «regresa al principio» (hace un círculo completo), pues se vuelve a tratar el tema de la enfermedad de la lepra que afecta a una persona. Pero ya no es a Naamán. Él está perfectamente curado «de todo», tanto de la lepra real y concreta como de la «lepra» como analogía de un mal social: el insaciable deseo por el dinero, por aquellos bienes materiales que otorgan riqueza y estatus. Guiezi quedó tan enceguecido y deslumbrado por el mucho oro, plata y vestimentas lujosas, que todo el ejemplo de su jefe, el profeta Eliseo, de la niña anónima y del cambio radical de Naamán no fue suficiente para mantenerse en el lado sano de los valores del reino de Dios. Veamos qué le sucedió a Guiezi, cuya transformación o «conversión» fue totalmente a la inversa de lo acontecido con Naamán.

Lo primero que hace es condenar y culpar al profeta de Dios: «Entonces *Giezi, criado de Eliseo el varón de Dios, dijo entre sí: He aquí mi señor* **estorbó** *a este sirio Naamán, no tomando de su mano las cosas que había traído*» (2 R 5.20, RV60). El verbo resaltado, «estorbó», es una traducción literal del hebreo. La mayoría de las versiones modernas lo interpretan de manera positiva, como «permitió». A los ojos de Guiezi, Eliseo cometió un error imperdonable. El profeta debió de haber hecho todo lo contrario. En otras palabras, Guiezi ha caído presa en los lazos del sistema imperante, el del *statu quo*: porque considera que hay que sacar provecho de la situación, si esta te ofrece la «vía libre». ¡La actitud de la niña esclava fue muy diferente! Como fue la del profeta. Guiezi, en lugar de seguir la lógica del reino de Dios, sigue las reglas del juego del sistema imperante en la sociedad de la época, tal como manifiestan las acciones tanto del rey de Israel como del rey de Siria.

Guiezi, aunque usa el tema de los jóvenes profetas necesitados, su mente y corazón están fijados en sí mismo, en el egoísmo y la búsqueda del propio bien (cf. como contraste 1 Cor 10. 24). Varios ejemplos bíblicos pueden citarse para mostrar la diferencia de actitud entre quienes deberían comportarse a la manera de Dios y quienes, siendo de «afuera», no se espera que actúen así. Naamán, siendo de «afuera» actúa de acuerdo con los principios de la Palabra de Dios, es decir, del reino de Dios. En cambio, Guiezi, siendo de «adentro» lo hace de la manera contraria. Uno de los ejemplos bíblicos que tengo en mente es el caso de Acán en el capítulo siete de Josué, quien siendo de «adentro» (miembro del pueblo del pacto) se comportó como si no lo fuera. Por su parte, Rajab la prostituta (Josué, capítulo dos), siendo de «afuera», se comporta como miembro del pueblo de Dios, siguiendo los valores del reino. Como resultado, ella se queda dentro, pero Acán y su familia terminan recibiendo el castigo del exterminio como cualquier otro enemigo de Dios. Ambos ejemplos, el de Nahamán-Guiezi y Rajab-Acán, muestran —como buena parte del canon bíblico enseña—, que los verdaderos miembros del pueblo del pacto no son aquellos a quienes los define la relación consanguínea, racial o étnica, sino aquellos que siendo bendecidos por la gracia y justicia de Dios, deciden vivir de acuerdo con las reglas del reino de Dios, con el camino de vivir la justicia, con el preocuparse por los demás y hacer de Dios y de su Palabra su única guía.

Las sorpresas de la gracia divina que descubre «niños» donde menos imaginábamos

Además de los ejemplos de Zaqueo y de Naamán, aparecen, aquí y allá, por toda la Biblia, textos que hablan de la importancia del niño y de la metáfora «niño/niña» para una mejor y más amplia consideración de la teología bíblica, de la pastoral y de la misión de la iglesia.

Las vidas de Samuel (1 Sam 1.21-28; 2.11-26) y David (1 Sam 16.6-13; etc.) nos abren el mundo del reino de Dios, invitándonos a participar en los actos portentosos de Dios. En la vida de esas personas y en la forma en la que Dios los elige y se comporta, queda muy poco espacio para no darse cuenta de que el Dios de la Biblia es más que nada «niño/niña» y, en muchas ocasiones un vulnerable infante convertido en protagonista de la historia de la salvación. En ambos casos, esos dos niños o muchachitos (*na'ar*) se convirtieron en protagonistas de la «historia salvífica» en momentos cuando la nación hebrea estaba en bancarrota debido a la incapacidad de figuras «adultas» para mantener en orden y en buen camino el plan de Dios y de su reinado (1 Sam 2.12-17, 22-34; 15.1-35). En el caso de Samuel, en el momento en el que el liderazgo de Israel, en manos del sacerdote Elí y de sus hijos era todo un desastre ya que Elí por su edad y condición de salud era incapaz de dirigir al pueblo y de controlar la conducta impropia y condenable de sus dos hijos. En el caso de David, en el momento en el que Saúl y su reinado eran incapaces de enfrentar el poder avasallador de los filisteos, en la persona de Goliat y del ejército de esa nación.

Como se puede constatar en la biografía de ambos personajes, el Dios-niño no considera «prudente» seguir el camino que tomaría cualquier nación y su élite de poder. Para la elección de David como rey, YHVH fue muy claro en sus instrucciones al profeta Samuel, respecto del nombramiento como rey de uno de los hijos de Isaí o Jesé: «Yo te indicaré lo que tienes que hacer, y me ungirás a aquel que yo te diga… No mires su apariencia ni su gran estatura, pues yo le he descartado. La mirada de Dios no es como la mirada del hombre, pues el hombre mira las apariencias, pero Yahveh mira el corazón». *Y YHVH eligió a David, quien era «el más pequeño» de todos los hermanos»* (1 Sam 16.3-12, BJ76). En lo que respecta a grupos o pueblos, los primeros capítulos de Josué sobre la conquista de Jericó (capítulos 2 y 6), así como el relato sobre los gabaonitas en el capítulo nueve, son buenos ejemplos. Este libro, que mira un momento de la historia de Israel desde la óptica del texto de Deuteronomio, es una obra en la que se respira un ambiente litúrgico y festivo, es decir, lúdico. En él, la ironía, el humor y la sorpresa ocupan un lugar privilegiado.

Considero a Josué como uno de los libros de la Biblia en donde Dios aparece como un gran juguetón. Se burla del enemigo y se ríe de las autoridades de su pueblo que quieren hacer las cosas a su manera, a lo «adulto».[4] Los personajes favoritos de su historia no son los generales de guerra ni las autoridades religiosas de la nación, sino una prostituta (cap. 2) y los gabaonitas (cap. 9), un pueblo vulnerable que salvó el pellejo por su astucia e ingeniosidad. Los antihéroes son los ricos y poderosos que viven entre las murallas de las ciudades Estado y Acán, aquel

---

4 En el desarrollo de una teología bíblica desde la metáfora del niño/niña, el mundo del «adulto» no tiene cabida. En el actuar del Dios de la historia bíblica, el mundo «a lo adulto» es el responsable de la situación caótica de la sociedad y de nuestro hábitat. Las instituciones humanas (políticas, religiosas, económicas,

soldado que ávido de poder y riquezas, quiso quedarse con las «fichas» del juego. Y es exactamente en el contexto de la conquista de las grandes ciudades Estado que Josué usa el vocabulario más sanguinario y destructivo del mensaje bíblico. ¿Sucedió eso realmente como lo narra el texto bíblico? Realmente no lo sé. La arqueología bíblica y los trabajos de eruditos de la talla de Martin Noth han repetido una y otra vez que la narración bíblica dista mucho de la realidad de la ocupación de la tierra prometida. Los descubrimientos arqueológicos constatan que los estratos pertenecientes al siglo XIII a. C. de ciudades tales como Jericó, Hai, Hazor, etc., no indican que fueron destruidas por guerra o fuego. No se han encontrado montones de restos humanos que «apoyen» aquellas terribles matanzas. Es probable que sea el mismo lenguaje el creador de las «realidades» que narran los relatos; pero ¡qué historias tan horrendas! En verdad, así lo son. Tómese en cuenta, sin embargo, que la intensidad de lo horrendo sube en proporción a la fuerza destructiva de quienes detentan la riqueza y el poder. En el lenguaje poético de la narración y proclamación profética —y Josué es considerado como libro profético en la tradición judía— el profeta-poeta crea, con las palabras, nuevos mundos, nuevas realidades. El poeta o narrador, vocero del pueblo sencillo y vulnerable, otorga, por medio de sus poemas y relatos, voz y fuerza a aquellos a quienes se les ha arrebatado. Aquí el lenguaje no cubre la verdad ni enaltece la mentira, sino que crea una realidad en la que el pobre, como dicen Ana (1 Sam 2.1-10) y María (Lc 1.46-55), es exaltado y el rico es humillado. Se crea un mundo donde, por fin, los desclasados y marginados, triunfan sobre los malvados y poderosos. En esa línea, encontramos lo que dice Jo Anne Engelbert en la introducción al libro *Y vendimos la lluvia*. Allí cuenta una breve historia y luego la comenta:

---

sociales, etc.) a lo «adulto» son todas, en su mayor parte, un fracaso total.

> *"Con ojos radiantes, los españoles se aferraron firmemente de los lados de la enorme canasta que los descendería hacia los dorados tesoros que jamás habían visto; así les habían asegurado los indios. Con toda la paciencia del mundo, y con el rostro reflejando una satisfacción sin límite, los indios deslizaron las sogas hasta que las altas temperaturas del volcán las convirtieron en hilachas, y los españoles se precipitaron sin obstáculos hacia el deseo de su corazón. Este relato fantástico se narró una y otra vez en América Central hasta que se convirtió en historia, en virtud de la verdad que encarnaba –un relato obligado, inventado a fuerza de ingenio y voluntad para asegurar la supervivencia. Estos relatos abrieron, por toda América Central, la posibilidad para disentir y contrarrestar la fuerza de los mitos piadosos, las homilías coloniales y los empalagosos cuentos patriarcales. Así, la imaginación mantuvo vivas la esperanza y la dignidad a través de relatos que surgieron al margen del discurso oficial. En estos relatos, el conejo siempre se burla del chacal y el humilde derrota al arrogante".*[5]

Veamos más de cerca a Josué; leámoslo desde la perspectiva infantil. La primera persona extranjera (cananea) que llegó a formar parte del pueblo de Dios fue Rajab, la prostituta que vivía en la frontera entre el lugar protegido de los poderosos y el terreno abierto y desprotegido de los campesinos y obreros. Ella fue la primera heroína porque se burló del rey y de las autoridades de Jericó al demostrar qué tan vulnerable era la gran ciudad amurallada de ser penetrada por el pueblo «enemigo», Israel; en el juego del «escondido» ella fue la ganadora. Dios llevó a su pueblo a la victoria, usando a esta mujer como «ayudante», e invitando al pueblo a conquistar a la «impenetrable»

---

5 Engelbert, Jo Anne, Rosario (Editor), *And We Sold the Rain: Contemporary Fiction from Central America,* New York: Seven Stories Press, Nueva York, 1996, xv.

Jericó (Jos 6.1) no por medio del músculo militar, sino por medio del juego litúrgico. Es verdad, el liderazgo de Josué no es el liderazgo militar, es el liderazgo de un director de banda o líder de un juego. Jericó cae, no porque sus murallas se desplomaron abatidas por la fuerza de tanques de guerra o se hicieron añicos por el peso de rocas lanzadas por enormes catapultas, sino por la algarabía de gargantas y trompetas que marcharon alrededor de la ciudad.

El relato de los gabaonitas (Jos 9.1-27) también manifiesta el carácter lúdico de Dios. Veamos la historia de cerca. Las noticias de la llegada de los israelitas y la conquista de la tierra de Canaán corrían como pólvora (Jos 2.9-11; 9.1). Tanto en este capítulo como en 10-11, la fama de Josué sirve como generadora de la narración. Los tres capítulos empiezan con la misma expresión: «*Cuando oyó/eron*». Los pueblos que tenían reyes (los que vivían en la protección de las ciudades Estado) buscaron resolver la situación declarando la guerra a Josué y a su pueblo (Jos 9.1-2). Pero los gabaonitas, pueblo desprotegido y sin rey —y por lo tanto, viviendo, probablemente, fuera del resguardo de las ciudades Estado—, encontraron una manera astuta de resolver la situación: quedándose a vivir entre Israel. Un grupo de gabaonitas se hizo pasar por emisario de un pueblo que vivía en *tierra muy lejana* (vv.6.9). Los embajadores se presentaron con asnos (no caballos), vestidos haraposos, comida añeja y recipientes de vino rotos y remendados (vv.4-5,12-13). Israel y sus líderes caen en la trampa. Toman las provisiones (vv.14-15) y aceptan así entrar en alianza con los gabaonitas. El autor del texto (vv.1-15) califica la situación así: «*Y los hombres tomaron de las provisiones de aquellos, pero **no consultaron a YHVH**»* (v.14, mi traducción). Cuando se descubrió el engaño, ya era demasiado tarde. Los líderes del pueblo habían hecho alianza con los de Gabaón y no podían echar marcha atrás; los gabaonitas se quedaban a vivir por siempre entre el pueblo de Dios.

El capítulo 9 de Josué, en el espíritu de la teología deuteronómica, es una afirmación de la bondad de la gracia divina. Dios abre de nuevo las puertas del reino para hacer pertenecer a su pueblo a «los de afuera», que aquí se presentan como «los de abajo». Aquellos que, a fuerza de su astucia e ingeniosidad, se unieron a las filas de un pueblo de esclavos que buscaba espacio de vida en medio de la seguridad de las ciudades Estado de Canaán.

Las historias de Rajab y de los gabaonitas resaltan el propósito más especial de la misión divina: dar espacio de vida a los marginados y vulnerables, en este caso, a los extranjeros desposeídos que entran a formar parte de la alianza a fuerza de la astucia y de la ilimitada gracia de Dios y su Palabra. Esa gracia que «premia» a un astuto suplantador como Jacob (Gn 25-30) y «admira» a un astuto mayordomo (Lc 16.1-9); gracia que abre de par en par las puertas del reino para darle cabida a Zaqueo, el recaudador de impuestos corrupto, que decidió hacerse niño y participar en el juego de Dios.

El relato de la burra de Balaam (Num 22.21-35) narra otro de los juegos de Dios donde se encuentran la sorpresa, el humor y lo «normal» transformado por lo fantástico. La figura infantil es, por supuesto, la burra. ¿Recuerdas en *Platero y yo* el trozo titulado «La miga» en donde el autor visualiza al burro en la escuela estudiando con los niños? Ella es la protagonista del relato. La principal acción del relato («ver») tiene por sujeto a la burra; no a Balaam. ¡Qué ironía! El profeta que por su profesión podía «ver» lo que otros ojos humanos no podían, ahora era incapaz de ver al ángel de Dios con la espada en la mano y dispuesto a matarlo. La única que tenía «ojos» para ver el peligro y así salvarle la vida a Balaam era la burra. Dios utiliza un animal a quien prácticamente todo el mundo considera bruto, terco y nada inteligente como instrumento en sus manos para salvar a su pueblo y a Balaam. Tres veces la burra ve lo que el profeta no puede y tres veces recibe azotes por actuar como la verdadera profetisa. Solo cuando Dios actúa directamente, Balaam puede «ver» y cae en la cuenta de que su burra había sido más inteligente, más dispuesta a tomar las decisiones correctas y menos terca. El profeta se convierte en «burro» y la burra en verdadera profetisa de Dios. Por eso, ella no solo tiene la capacidad de ver, sino hasta de hablar. ¡Qué extraño, una burra que habla! Pues sí, en el mundo del Dios niño, ¡hasta los burros hablan!

Es tan grande el amor de Dios que cuando se ve orillado a hacer uso de los absurdos, lo hace sin apologías. Para Dios no hay instrumentos indignos en los quehaceres del reino. Solo se hace indigno aquel que se opone o no entiende el juego de Dios. Si la serpiente (Gn 3), a quien las culturas antiguas consideraban símbolo de la inteligencia y la sagacidad, profirió palabra de mentira y muerte, ¿por qué la burra, a quien la literatura y sabiduría popular consideran ejemplo de ignorancia y necedad, no podía proferir palabra de vida? En el mundo del juego divino, el mundo del «revés», los burros tienen palabra de sabiduría y son creadores de vida. Si deseas entender el mensaje bíblico en toda su dimensión, penetra en él con ojos de niño. Solo así no te sorprenderá que una multitud de más de cinco mil personas se alimente con cinco panecillos y dos pescados asados (Jn 6.5-15), que el agua se transforme en el mejor de los vinos (Jn 2.1-11), que Jesús camine sobre el agua (Mc 6.16-21), que Dios haya elegido la cruz como escenario de salvación universal y que una tumba vacía declare el triunfo de Jesús sobre la muerte.

UNA NIÑA: VÍCTIMA Y REDENTORA EN MEDIO DE LA VIOLENCIA

> *"¡Yo, yo, yo, yo, yo, yo!*
> *Y luego: A mí, para mí;*
> *en mi opinión,*
> *a mi entender.*
> *¡Mi, mí, mí, mí, mí!*
> *La rana es mejor.*
> *¡Cu, cu, cu, cu, cu!*
> *Sólo los que aman saben decir ¡Tú!"*
> (Jacinto Benavente)

El niño, de acuerdo con el testimonio bíblico, es imagen o metáfora de la concordia, la paz y la no-violencia. En el Salmo 8.2 se dice que son un bebé y un niño pequeño los que, representando a la raza humana, tienen la capacidad de detener la violencia, de "desarmar" al que busca venganza. En Isaías 11.6, el niño se convierte en líder y guía de una nueva visión del reino animal. En este nuevo reino, el lobo no le hace violencia al cordero; el tigre no destroza al cabrito; el león es compañero de juego del ternero. De allí que resulte contradictorio e inaceptable que sean precisamente los niños las principales víctimas de la violencia tanto en el hogar como en el resto de la sociedad. En los siguientes párrafos de este ensayo, el desarrollo del texto de 2 Reyes 5 nos llevará a ver cómo una niña, víctima de la violencia estructural e internacional, se convierte en protagonista de paz, concordia y vida.

En su libro, *When the Powers Fall* (Cuando los poderes se derrumban), Walter Wink apunta: «La víctima no le hace vista ciega al crimen, más bien se libera de la consecuente tortura psicológica, y abre un camino a través del cual se pueda encontrar la justicia, motivada no por la venganza, sino por la búsqueda del cambio y de la transformación universal».[1] Este es, considero yo, el móvil por medio del cual, la niña de 2 Reyes 5 abrió el camino para la curación y salvación del general del ejército sirio, Naamán. Ella era una *na'erá qetonáh* («niña pequeña»), esclava en casa de Naamán, que había sido secuestrada en una de las escaramuzas que de manera frecuente practicaba el ejército sirio en territorio israelita (v. 2). En otras palabras, era una prisionera de guerra.

A pesar de su situación de esclava de guerra, arrebatada de su familia a tan tierna edad y a merced de las disposiciones de sus amos, esta niña no consideró ni la amargura ni la venganza como estilo de vida, sino el del velar por el bienestar de su amo y de su salud. Naamán era varón, miembro de la élite del poder sirio y admirado y respetado en su nación. Además, *por medio de él* —según el decir de la Escritura—, "*Dios le había dado grandes victorias a Siria*" (v. 1, TLA).[2] Sin embargo, nada de eso lo libró de contraer la lepra. De entrada, en la narración se marca el radical contraste entre Naamán y la niña esclava. Este es poderoso y ella, vulnerable; él tiene nombre propio, ella, anónima; él está con su familia y su entorno natural; ella, en cambio, vive alejada de su familia y de su comunidad. Sin embargo, según cuenta la historia, ella posee algo que Naamán no tiene: la solución a

---

1 Wink, Walter, *When the Powers Fall: Reconciliation in the Healing of Nations*, Fortress Press, Minneapolis, 1998, p. 15.
2 TLA es la abreviatura de la Biblia publicada por las Sociedades Bíblicas Unidas y conocida con el nombre de *Traducción en lenguaje actual*. Las citas bíblicas en este ensayo están tomadas de esta versión, a menos que se indique lo contrario.

su problema de salud. Esa niña le dijo a la esposa de Naamán: «¡*Si mi patrón fuera a ver al profeta Eliseo, que vive en Samaria, se sanaría de la lepra!*» (v. 3). Y a partir de este punto, se desarrolla el relato hasta su desenlace. Con la respuesta de la niña anónima, la audiencia del relato tiene de antemano la solución del problema que aqueja a Naamán, a su familia y a su entorno inmediato. Sin embargo, la autora complica la historia, no solo por su maestría literaria, sino sobre todo porque bien sabe que en el mundo del *statu quo*, la solución siempre se busca en el espacio del poder y de la abundancia material. Eso explica por qué Naamán, ante la noticia recibida, en lugar acudir a la niña y, a través de ella, al profeta Eliseo, opta por buscar la solución a través del deslumbrante poder de la corona siria. ¿Cuándo aprenderá Naamán que a través del poderoso y acaudalado no hay solución verdadera y total a su problema de vida?

Los dos reyes del relato muestran dos actitudes diferentes. El rey sirio es todo desplante de poder, y busca deslumbrar al liderazgo israelí con la desproporcionada carga de oro, plata y ropas lujosas (vv. 5-6). El rey de Israel, por su parte, debido a su situación de vulnerabilidad ante tan poderoso rival (v. 2), tiembla de pavor, y solo ve venir una catástrofe sobre su reinado. Su respuesta a tal situación es por demás clara: "*Está buscando un pretexto para pelear conmigo*" (v. 7). La narración ofrece, sin duda, un rasgo humorístico y lleno de sarcasmo con la conducta tan exagerada del rey de Israel; con la intención, quizá de ridiculizar el poder hegemónico para abrirle paso al verdadero liderazgo, a la manera de Dios, en la persona del profeta: "*Cuando el profeta Eliseo se enteró de que el rey estaba tan angustiado, le envió este mensaje: '¿Por qué rompiste tu ropa? Deja que ese hombre venga a verme, para que se dé cuenta de que hay un profeta de Dios en Israel'*" (v. 8).

Al comparar al rey de Israel y a la niña, se concluyen que ambos son víctimas del poder avasallador y devastador del rey de Siria. Sin embargo, ambos actúan de manera diferente ante esa situación. La niña no «pierde la cabeza» ante los momentos de angustia y adversidad, ni se encierra en su dolor y pena, sino que perdona, piensa en el otro y va directamente a la fuente de la solución del problema que vive «el enemigo». Esa es la respuesta de quien conoce las reglas de juego del reino de Dios. La imagen del rey de Israel es la del que hace «*bullying*» quien, cuando se le presenta la oportunidad, busca perjudicar al otro y, ante el peligro, se amedrenta y pierde toda la compostura.

El profeta Eliseo, protagonista también de la historia, se coloca en la línea de acción de la niña. Es, como ella, imagen de quienes la Biblia considera verdaderos ciudadanos del reino de Dios: el "niño", la "niña". En la persona de Eliseo se resalta la figura de la niña y se rechaza la del supuesto representante del pueblo de Dios, el rey. Eliseo no se muestra abúlico, no se acobarda ante el poder avasallador del hegemónico rey sirio y, por tanto, no es pusilánime ni mucho menos, cobarde. Su objetivo no es otra que armarse de valor frente al enemigo y seguir la vía de la solidaridad y la justicia, el único despliegue de poder permitido en el gobierno de Dios. Esa es la actitud que permitirán a Naamán y a su rey percatarse del verdadero liderazgo presente en el "reino" de Dios (v. 8). Al respecto vale la pena citar aquí las palabras de Walter Wink[3] acerca de Jesús y de su actitud ante el poder y la grandeza:

> "*Jesús no condena la ambición o la aspiración; más bien cambia los valores a los que están vinculados: «El que quiera ser el primero deberá ser*

---
3 Wink, Walter, p. 7.

> *el último y el servidor de todos». Jesús no rechaza el poder, sino solo cuando se le usa para dominar a otros. Jesús no rechaza la grandeza, sino que la encuentra en la identificación y solidaridad con el necesitado... Jesús no renuncia al heroísmo, sino que lo expresa al renunciar a los poderes de la muerte y al confrontar, desarmado, al inamovible poder de las autoridades".*

Cuando Naamán llega, con todo su poderío económico, ante la casa del profeta, Eliseo no se deja deslumbrar ni por el oro ni por la plata ni por los lujosos ropajes. Es más, ni siquiera se molesta en salir a recibir al dignatario. Envía a su asistente —que es, sin lugar a duda, Guehazí— para darle las instrucciones de lo que debería de hacer si quería recobrar la salud. Obviamente, Naamán se enfurece por esa humillación y desacato. ¡Qué diferente es la conducta de Eliseo respecto de la del rey de Israel! Si el rey de Israel se llena de pavor y queda petrificado ante la carta del rey y la presencia de Naamán en su palacio, Eliseo, por su parte, no solo recibe a Naamán con el fin de ayudarlo a recobrar su salud, sino que los obliga, tanto a él como al aparato imperial, a «jugar» siguiendo los criterios del reino de Dios (véase Mt 18.1-5).

Ante la actitud de su amo (1 R 5.11-12), los sirvientes de Naamán lo saben muy bien la opción a seguir (v. 13). Ellos, como la niña anónima y Eliseo, llegado el caso, se manejan con otras reglas. Así que con mucho respeto, pero con firmeza empujan al amo a someterse a las reglas de juego del reino de Dios. Y aquí precisamente, empieza el gran cambio en la vida de Naamán: su gran conversión, en la misma línea que siguió Zaqueo.

La lectora y el lector avisados quizá se preguntarán por qué la niña protagonista ha permanecido fuera de la acción del relato desde hace mucho tiempo (¡desde los vv. 2 y 4!). Sin embargo, en los relatos bien diseñados, los protagonistas o la protagonista no solo aparece de manera "visible", sino a través de maneras subrepticias, artísticas y creativa de tal modo que la niña y su proyecto de salvar a su amo están presentes a través de todo el relato: (1) en la indicación de que el cambio radical en la vida de Naamán es ser igual que la niña: ella es paradigma de la verdadera conversión o cambio de vida del ilustre general del ejército sirio. Si ella es *naearah qetonah* ("niña") y él es *na'ar qatón* ("niño"); (2) en la información que la niña ofrece en el versículo cuatro, y que provoca el curso y devenir del relato; (3) ella es, sin lugar a duda, tan «profeta» como Eliseo y perfil de lo que significa llegar a ser, en el caso de Naamán, "un nuevo hombre"; (4) está presente también en la respuesta –aunque equivocada– de Naamán, en la de Eliseo y en toda la acción que desencadenó hasta llegar al versículo 14. La presencia, dos veces, del verbo «volver» (vv. 14 y 15, RV60) es clave, pues su significado sugiere el concepto teológico de la «conversión». Los versículos 2 y 14, que forman el marco de la primera parte del relato, indican cómo el «camino tortuoso» seguido en esos versículos tiene su culminación en lo que se narra en versículos 15-19.

El segundo «volver» (v. 15) muestra, de manera concreta y clara, el resultado de la conversión de Naamán. Los versículos 15-19 hablan del cambio ocurrido en la vida del ahora «niño Naamán». Ya no es el que ordena, sino el que solicita humildemente (vv. 15, 17-18). No es el reverenciado general, sino el «servidor» (cuatro veces aparece esta palabra en 15-18), es decir, *ebed* («esclavo»), del mismo grupo al que pertenece la niña esclava de guerra del versículo dos y los sirvientes del versículo trece. ¡Vaya conversión! ¿No? Ya no es «jefe» ni «adulto ni poderoso», sino «niño» que piensa y actúa como tal. Pero las sorpresas siguen: Ahora se atreve afirmar, sin miedos ni titubeos, su nueva fe en YHVH, Dios de Israel, y ofrece su ofrenda. Además, en una muestra de verdadera niñez, Naamán solicita algo inaudito: *"Permíteme llevar toda la tierra que pueda cargar en dos mulas, porque de ahora en adelante voy a ofrecer sacrificios y ofrendas sólo a Dios. No se los ofreceré a ningún otro dios (v. 17)"*. Aquel hombre adulto y orgulloso que había rechazado al río Jordán como un riachuelo insignificante (v. 12), ahora, como niño que ha pasado unos días en la playa y pide a los padres llevar arena para armar su cajón de arena y soñarse a la orilla del mar, pide dos cargas de tierra del mismo país del que antes se había burlado. Y, todavía más sorprendente e impensado para muchos, como clímax de su conversión total, en una acción de pura lógica infantil, le pide a Eliseo: *"En esto perdone Jehová a tu siervo: que cuando mi señor el rey entrare en el templo de Rimón para adorar en él, y se apoyare sobre mi brazo, si yo también me inclinare en el templo de Rimón, cuando haga tal, Jehová perdone en eso a tu siervo"* (v. 18, RV60). La respuesta de Eliseo no podría ser otra. Con la misma lógica infantil le dice: *Vete tranquilo* (v. 19). ¿Cómo puede ser que este recién «convertido» a la fe yahvista, pidiera tal cosa? ¡Inclinarse ante la imagen del ídolo del dios extranjero! Y, ¡peor todavía!, que el mismo profeta de YHVH se atreviera a responderle que lo hiciera, que según él no había problema alguno.

¡Fuera dogmatismos! ¡Fuera posturas y conductas prefabricadas! En la lógica infantil, la lógica del reino de Dios no hay lugar para otra cosa que no sean las sorpresas de la vida en el reino de Dios. En ese reino, que es el de los niños, lo que impera es el juego, la creatividad, la sorpresa y la libertad. Es mundo del que habla el profeta Isaías en 11.3-6. Todas las leyes, naturales, sociales y políticas se trastruecan en el reino mesiánico de Dios, el mundo de los niños. ¡Los enemigos más encarnizados viven juntos y se comportan como compañeros de juego! Y lo más extraordinario es que su líder no es otro más que ¡un niño!, un *na'ar qatón* (v. 6), como la niña de 2 Reyes 5 y como el Naamán transformado en niño de ese mismo relato.

Y así regresamos a la idea central de la cita de Wink al principio de este ensayo: La niña esclava, prisionera de guerra, no se sumió en su tristeza y vulnerabilidad, ni tampoco ignoró el crimen producido por el odio entre naciones y razas. Más bien los superó y se lanzó al camino del perdón y la reconciliación y, de ese modo, se liberó de sus naturales amarguras y odios y transformó la vida del mismo hombre que personificaba la definición de «enemigo» para todo israelita que había sufrido de la violencia y opresión del pueblo sirio.

PORQUE DE LOS TALES ES EL REINO DE DIOS

El reino de Dios: ¿reino adulto o reino infantil?

Repaso histórico de la concepción del tema «reino de Dios»

Si se hace una revisión del tema del reino de Dios en la historia del pensamiento cristiano, un hecho indiscutible surge a la vista: el tema del reino de Dios ha sido quizá el más ausente. No es sino hasta finales del siglo 19 y principios del 20 que el tema surge en la discusión teológica, a partir de los escritos de Johannes Weiss (1892), *Proclamation of the Kingdom of God* y de Albert Schweitzer (1906), *The Quest of the Historical Jesus*.

Sin embargo, este resurgimiento, en lugar de centrarse en la comprensión y explicación completa del tema, se parcializó porque las partes se tomaron por el todo, dándoles, muy a menudo, carácter de absoluto en detrimento del todo. Lo multidimensional se perdió y, en su lugar, se le dio cabida a lo unidimensional. De acuerdo con esas posturas parciales, el reino de Dios se comprendió o *como algo trascendente* —esto ocurrió sobre todo en los primeros tiempos del cristianismo, cuando este se expandió y pensó a partir del neo-platonismo, estoicismo y otras corrientes que negaban la realidad concreta del mundo y de la vida y priorizaban lo trascendente, lo «del más allá»—; o *como una experiencia interior* —que excluye trasformaciones sociales e históricas; hace énfasis en el presente, y se pierde toda dimensión de esperanza en el futuro—; o en las posturas contradictorias de la concepción *apocalíptica* y la del *evangelio social* —unos reduciendo el concepto del reino de Dios a eventos cataclísmicos al final de los tiempos; los otros, considerando que el reino de Dios es una tarea cuya responsabilidad recae sobre los redimidos por la obra de Cristo Jesús. En el evangelio social toda perspectiva apocalíptica se desvanece y el reino de Dios se reduce a un ideal social como, por ejemplo, el orden democrático americano con su sustentación capitalista. Además de las reducciones antes anotadas está la de considerar a *la Iglesia como reino de Dios*: ser miembro de la Iglesia es ser miembro del reino de Dios; estar fuera de la iglesia es estar fuera del reino de Dios. Esta postura encuentra en Orígenes a su principal exponente y además se refleja en la expresión eclesiástica constantiniana que subsistió en toda la Edad Media y en parte de la Moderna.

No obstante la unilateralidad del tratamiento temático, sí se puede decir que durante el siglo veinte y parte del veintiuno, el tema del reino de Dios no se ha quedado relegado a un solo campo de la vida de las iglesias sino que ha formado parte de las discusiones y foros relacionados con la misionología, el papel de la iglesia en el mundo y la historia y, por supuesto, con Dios y su función como Señor de la historia y del universo. De manera amplia, como demuestran libros, artículos y discusiones en congresos y asambleas —por ejemplo, del Concilio Mundial de Iglesias— el tema del reino toca también el diálogo y la relación con otras religiones y movimientos políticos fuera de la esfera del cristianismo.

Lo expresado en el párrafo anterior lleva a afirmar que el tema del reino de Dios es un asunto que penetra todas las esferas del quehacer bíblico-teológico, de la misión de la iglesia, de la evangelización, de la educación cristiana y de la pastoral en toda su dimensión. De allí que se considere importante e insoslayable dedicarle un capítulo en un libro que se dedique por entero al quehacer teológico desde la perspectiva teológica del niño. Varias razones se pueden aducir como argumentos para reafirmar el valor y vigencia de una reflexión más profunda y seria sobre el tema del reino de Dios desde la perspectiva infantil. En primer lugar, llama la atención que a pesar de ser este un tema central en el quehacer teológico del último siglo, los libros y congresos dedicados al tema poco o nada dicen del papel del niño como protagonista central del reino de Dios. Por ejemplo, en el libro que se publicó con las ponencias y documentos, sobre el tema del reino de Dios, de la *Conferencia mundial de misiones y evangelización* del CMI, el asunto «niños» solo aparece cuando se cita el texto de los Evangelios (Marcos 10.13-16) o en la lista de personas «excluidas» a quienes Dios coloca como participantes prioritarios de su reino.[1]

En segundo lugar, no se puede dejar como asunto secundario o marginal la consideración del tema del reino desde la perspectiva teológica del niño, cuando el niño y la metáfora «niño» son centrales en la afirmación de Jesús sobre la participación humana en el reino de Dios (Marcos 9.33-37; 10.13-16), así como en la predicación profética (Isaías 9.6-7; 11.1-8) y en textos evangélicos sobre la encarnación (Mateo 1-2 y Lucas 1-2). En estos textos, el niño aparece como imagen o metáfora del excluido, vulnerable y pobre. Y así se convierte en motivo para una discusión del tema teológico desde una perspectiva de niño. Los siguientes párrafos consideran lo aquí formulado.

---

1 Matthey, Jacques, "Prefacio", *Venga tu reino: Perspectivas misioneras*, Ediciones Sígueme, Salamanca, 1982, p. 11.

¿Cómo se ha comprendido el concepto del «reino de Dios» en la teología bíblica del siglo XX?

En prácticamente todo el material que he revisado sobre el tema, dos asuntos ocupan lugar especial en la discusión:

1. Dios es originador y promotor del reino y, por tanto, es el soberano indiscutible.

2. Toda agencia humana, sea hegemónica o no, está sujeta a Dios. En la oración del Padrenuestro Jesús, de manera inequívoca, afirma «Hágase tu voluntad» (Mateo 6.10), indicando así que solo aquella persona que siga la voluntad del Padre, tendrá acceso al reino de Dios (Mateo 7.21), pues todo depende de la voluntad de Dios.

El estudio del tema del reino de Dios, con el fin de acentuar de manera contundente la soberanía de Dios sobre todo lo creado, le da prioridad a lo vulnerable y débil como la característica privilegiada de quienes forman parte del reino de Dios. De allí que Jesús —junto con otros testimonios bíblicos— indicara con toda claridad y contundencia que el reino de los cielos es de los pobres y de los niños (Lucas 6.20; Marcos 10.14). Estas ideas las resume bien Walter Wink:

> *"Podemos hablar del reino de Dios como un orden libre de dominación, caracterizado por la interdependencia, la igualdad de oportunidades y el respeto mutuo entre hombres y mujeres que corta a la mitad toda distinción entre las personas. Este orden igualitario repudia la violencia, la dominación, las jerarquías dominantes, el patriarcalismo, el racismo y*

el autoritarismo; es decir, un sistema que atenta con una vida humana plena".²

Un tercer asunto que resalta de inmediato es el de la «universalidad» del reino. Tanto el Antiguo como el Nuevo Testamento excluyen del ámbito religioso, racial y étnico la acción de Dios como rey y gobernante. El solo hecho de que las Sagradas Escrituras comienzan con el tema de la creación del mundo, indica que la acción y soberanía de Dios no encuentran límite alguno. El éxodo, evento central de la fe bíblica, se da en el marco de la apertura total de la acción liberadora de YHVH hacia todos quienes viven oprimidos y esclavizados. Así lo entendió el profeta Amós cuando dijo: *"Para mí, ustedes los israelitas no son diferentes a otros pueblos: a ustedes los saqué de Egipto, a los filisteos los saqué de Creta, y a los arameos los saqué de Quir"* (Amós 9.7). Sobre este punto, comenta muy acertadamente Martin Buber:

> *"El veredicto divino, "Amós 9.7", no debe de entenderse, para nada, de otra manera más que esta: YHVH debe reconocerse como el líder de todas las migraciones de los pueblos, aun las migraciones de pueblos hostiles a Israel desde los tiempos primitivos...Por lo tanto, se afirma que YHVH es el Dios de los pueblos; y seamos bien claros, no es ese adorado por ellos, sino el Dios que ha guiado a todo pueblo errante, como Israel, a una «buena» tierra"*.³

El ministerio de Jesús —tanto en palabra como en hechos— también manifiesta esa universalidad. La parábola de

---
2 Wink, Walter, *Engaging the Powers: Discernment and Resistance in a World of Domination*, Fortress Press, Minneapolis, 1992, p. 107.
3 Buber, Martín, *The Kingship of God*, Harper & Row, New York, 1967, pp. 50, 59.

«La gran cena» (Lucas 14.15-25) es, por cierto, una sátira contra la aristocracia religiosa de la época de Jesús, así como una bienvenida a los marginados, incluyendo no solo a los pobres, sino también a los extranjeros. Y Jesús tenía razón en contar esa parábola. Los fariseos no dejaron de externar su ofensa por la apertura tan escandalosa de Jesús, quien convivió con cobradores de impuestos y pecadores y hasta los llamó para que se hicieran sus seguidores (Mateo 9.9-13; Marcos 2.15-17; Lucas 5.27-32). Nada ni nadie, de acuerdo con el testimonio bíblico, puede adjudicarse el título de «propietario» del reino de Dios, sino tan aquellos a quienes Dios mismo nombra ciudadanos de ese reino. Es a partir de aquí que resultan importantes y hasta enigmáticas las palabras de Jesús dirigidas a sus discípulos en Marcos 10.14-15: «Dejen que los niños vengan a mí, y no se lo impidan, porque el reino de Dios es de quienes son como ellos. Les aseguro que el que no reciba el reino de Dios como un niño, de ninguna manera entrará en él». Varios elementos de la infancia o niñez podrían considerarse como lo característico de quien encuentra «abiertas de par en par las puertas del reino de Dios». Sin embargo, por el contexto social de la época, ese «ser como ellos» se refiere, sin duda, a la situación de marginación y poco valor que se les daba a los niños. Con «los que son como ellos» sin duda se refiere a aquellas personas que están dispuestas a renunciar a toda pretensión de poder y dominación sobre otros.[4]

Por mucho tiempo estuve considerando esas palabras de Jesús; de manera especial, me hacía la siguiente pregunta: «¿Dónde se encuentra algún ejemplo, en las Escrituras, de una persona adulta que se hace ciudadana del reino de Dios porque

---

4 Véase como ejemplo, el capítulo seis de Walter Wink, *Engaging the Powers*, Ausburg Fortress, Minneapolis, 1993.

se hizo como niño?» Esa pregunta no solo me llevó a encontrar ejemplos concretos en ambos testamentos, sino a desarrollar una nueva forma de hacer teología bíblica desde la perspectiva infantil.

¿Cómo definir ese reino?

La creación presenta a Dios más que nada como un Dios *soter*, es decir, como quien «redime» o «salva».[5] La semántica del primer capítulo del Génesis nos habla de la creación como una tarea en la que Dios «saca» a la tierra de un estado de desorden y vaciedad hacia uno de «orden» y vida. Por ello, en el proyecto de Dios, «reinar», «gobernar» significa prestar un servicio en pro de la vida, del orden. El capítulo dos del Génesis presentará también una acción creadora soteriológica en la que Dios crea cambiando la aridez en fertilidad, la soledad en compañía, la falta de ayuda y apoyo en presencia que completa y produce resultados a favor de la creación y de sus «habitantes». Vistos así, los textos sobre la creación ya vislumbran el éxodo; la libertad de un estado de muerte hacia uno de vida, libertad y compañerismo solidario. No es pues nada accidental que siglos después, el gran teólogo-poeta del libro de Isaías pintara al nuevo éxodo del pueblo de Dios como una nueva tarea de creación (Is 43.1; 44.24-28; 45.12-14, 18-19; 51.9-16; 54.5). En ese orden creado-salvado, Dios establece un espacio de vida en el que no hay divisiones étnicas, ni raciales, ni lingüísticas, ni sociales, ni políticas; es decir, todos fuimos creados con «igualdad ontológica». Además, en el marco de la teología de la creación ni los países ni las fronteras son creadas por Dios; tampoco hay

---

5 von Rad, Gerhard, *Estudios Sobre el Antiguo Testamento*, Ediciones Cristiandad, Salamanca, 1976, pp 129-139.

sistemas políticos o sociales que rijan la vida humana. No se presenta en ningún momento a un ser humano dominando a otro ser humano, ni quitándole la vida a nada creado como él, en el sexto día.

Este proyecto cambia de manera radical a partir del capítulo tres de Génesis. Aquí se marca el inicio de «una historia» en la que el ser humano, haciendo uso de su libertad de decisión, se aleja de manera inexorable del proyecto primigenio de Dios. El teólogo Harvey Cox nos lo explica así: «De acuerdo con Génesis tres, esa "libertad de decisión" se manifestó en el momento en el que el ser humano optó por seguir la voz de la serpiente en lugar de la de Dios». Y, al tomar esa opción, el ser humano permitió, al decir de Harvey Cox, «que un animal cualquiera le dijera lo que tenía que hacer». Señala Cox:

> *"Si leemos esa vieja historia cuidadosamente, veremos que es...un pecado de acedia. Eva comparte con Adán el encargo de ejercer dominio sobre todas las criaturas del campo. Su falta «original» no fue comer el fruto prohibido en absoluto, Antes de alcanzar el fruto, había entregado su posición de poder y responsabilidad a uno de los animales, la serpiente, y le había dejado que le dijera lo que ella tenía que hacer. Su pecado es nuestro pecado. No es un pecado prometeico... Nosotros desperdiciamos nuestro destino dejando que una serpiente cualquiera nos diga lo que tenemos que hacer".*[6]

El pecado consiste en no querer o en rechazar el propio ser, en no desear lo que fundamental y realmente se es. El autor de Génesis 3 usa la imagen de la serpiente para recalcar el grado

---

6 Cox, Harvey, *No lo dejéis a la serpiente,* Ediciones Península, Barcelona, 1969, p. 13.

de inhumanidad en el que cae el ser humano al rechazar su ser imagen de Dios para convertirse en un burdo repetidor de la imagen que le inculca esa «serpiente cualquiera». Por eso, Cox afirma:[7]

> "Como vieron Kierkegaard, Marx y Nietzsche, el ser hombre involucra iniciativa e innovación personal, social y cultural. Significa aceptar el deber aterrador de decidir quién seré más que limitarme a asimilar las formas estereotipadas que otros me asignen. Significa abrir los ojos a la forma en que el poder está distribuido y ejercido en la sociedad y asumir una medida plena del dolor y la tentación que comporta ejercitarlo. Significa desafiar toda imagen de la vida que congela la crítica o socava la creatividad humana. Ser hombre significa cuidar y amar al hermano hombre y con él ejercer dominio sobre la tierra, poner nombre y cuidar a las criaturas que Dios coloca en el mundo humano de la libertad. El renunciar a cualquiera de estos privilegios es cometer el pecado de acedia, caer en la pereza".

Esa *acedia*, pereza o apatía —en el contexto del proyecto de Dios— se manifiesta en «escuchar» la voz de las fuerzas hegemónicas y dominantes de este mundo que han creado estructuras e instituciones y prácticas marcadas por el racismo, el etnocentrismo, la marginación, el silenciamiento, la opresión, la violencia y la muerte. En la Biblia, esas fuerzas inhumanas y enemigas del proyecto de Dios tienen como sujeto o protagonista a un ser humano marcado con la imagen de «adulto», «poderoso» y «egocéntrico». Por ello, cuando miramos al proyecto de Dios manteniendo la mirada solo en los dos primeros capítulos del Génesis, descubrimos que hay un elemento que

---

7 *Idem*, pp. 15-16.

necesita «corregirse» o más bien «matizarse» con la ayuda de otros textos —tanto del AT como del NT— que retoman el tema del proyecto de Dios pero ya no a partir de la imagen del adulto, sino del «niño», de la «infancia». En nuestra reflexión se contrastarán ambas imágenes —la del adulto y la del niño— para hablar de los proyectos encontrados, el reino de Dios y el de la serpiente, que distinguiremos de la siguiente manera: El «reino de la serpiente» es lo que hoy se podría definir como el «mundo real» o *statu quo*. A él se opone, en primer lugar, una alternativa que, si bien provee una «vía de escape» que parece «sacarnos» de ese *statu quo*, lo que hace es encapsular a quienes la optan en el «mundo de la alternativa personal» o el del «sálvense quien pueda». Es decir, provee una solución temporal y personal pero marcada con la preocupación egoísta y nada solidaria. Ejemplos de esta vía de escape los tenemos en Génesis 20.1-15; 38.6-11; y Rut 1.1-22.

Frente a estas dos alternativas, la Palabra de Dios nos ofrece textos que se refieren a lo que llamo «las sorpresas de Dios» o «la tercera vía» —llena de imaginación y creatividad para soñar y construir un mundo distinto al de las dos vías anteriores: la de la solidaridad, la justicia social, la preocupación por el otro, especialmente el más débil y vulnerable. Esa vía, en ambos Testamentos, se encuentra personificada exactamente por el débil y el vulnerable, definidos a partir de la imagen del «niño». Los textos a los que me refiero, marcados esencialmente por lo poético y profético, que presentan de nuevo el proyecto de Dios, pero ahora, como «nueva creación» son, entre otros, el Salmo 8; Isaías 11.3-6; Isaías 9.6-7; Mateo 11.25; 21.14-17; Lucas 2.10-12; Marcos 10.14-15; y las historias de Naamán (2 Reyes 5) y de Zaqueo (Lucas 11.1-10).[8] El tema de la creación

---

8 Respecto de lo que se dice en los dos párrafos anteriores, véase, Walter Brue-

y la metáfora del niño como «principal ciudadano del reino de Dios» y protagonista del proyecto de Dios encuentran su punto de coincidencia en el Salmo 8. En este salmo, tal como ocurre en los textos del Génesis, la creación gira en torno al ser humano. Encontramos en el texto que el poeta y teólogo hace a un lado al adulto y elige al niño como paradigma de ser humano, un mejor ejemplo de imagen de Dios y de «lugarteniente de Dios», en su reino. Después de cantar la grandeza de la creación divina, el poeta afirma lo siguiente:

> *"Con las primeras palabras*
> *de los niños más pequeños,*
> *y con los cantos*
> *de los niños mayores*
> *has construido una fortaleza*
> *por causa de tus enemigos.*
> *¡Así has hecho callar*
> *a tus enemigos que buscan venganza!"* (Sal 8.2, TLA)

¡No es el varón adulto, grande y poderoso, quien tiene el liderazgo para afrontar la maldad y vencer al enemigo! ¡Es el niño! Tanto aquí como en la relectura que hace Jesús de ese versículo en Mateo 21.14-17, el triunfo sobre el mal y el hacer callar al que detenta el poder, al hegemónico, se hace usando a los niños como punto de referencia. De regreso al salmo 8, consideramos que todo lo que sigue del salmo y la afirmación de la sujeción de todo lo creado (vv. 7-9) bajo el liderazgo del ser humano queda definido por ese nuevo sesgo o pista: el niño, el bebé de brazos y de pecho. ¡Qué bien se conecta esto con lo que dice Dios por medio del profeta Isaías en 11.3-6! (TLA):

---

ggemann, *Interpretation and Obedience: From Faithful Reading to Faithful Living*, Augsburg Fortress Press, Minneapolis, 1991, pp. 9-17.

> *"No juzgará por las apariencias,*
> *ni se guiará por los rumores,*
> *pues su alegría será obedecer a Dios.*
> *Defenderá a los pobres*
> *y hará justicia a los indefensos.*
> *Castigará a los violentos,*
> *y hará morir a los malvados.*
> *Su palabra se convertirá en ley.*
> *Siempre hará triunfar la justicia y la verdad.*
> *Cuando llegue ese día,*
> *el lobo y el cordero se llevarán bien,*
> *el tigre y el cabrito descansarán juntos,*
> *el ternero y el león crecerán uno junto al otro*
> *y se dejarán guiar por un niño pequeño."*

En la nueva creación, en el reino mesiánico de Dios, todo lo que es lo «aceptable» o la «norma» en el «mundo real» o *statu quo* es sustituida por ese reinado descrito por el profeta y en el que el líder es un «niño pequeño». Y es precisamente ese reino el que, a diferencia del reino «normado» o «real», abre espacios inclusivos y no excluyentes. En el reino de Dios, el autor bíblico ha elegido en forma deliberada la metáfora del niño, como paradigma de lo vulnerable, de lo anti-hegemónico, de lo que le da la bienvenida a lo anómalo, a lo «extraordinario» (fuera de lo normal y ordinario) y que por ende amenaza la sociedad uniformemente conformada. En la actualidad, la expresión «normal» o «normado» se aplica de manera especial al protestante blanco heterosexual con un «cuerpo-capacitado» vis a vis el «discapacitado».[9] Niños, mujeres, personas con alguna discapacidad son aquellas alejadas de la imagen normada y

---

9 Garland Thomson, Rosemarie, *Extraordinary Bodies: Figuring Physical Disability in American Culture and Literature*, Columbia University Press, New York, 1997, p. 8.

son quienes por lo general sufren discriminación, marginación y exclusión. A medida que la proclamación profética anuncia un reino tan distinto, tan anormal, tan imposible de articularse en la mente hegemónica y homogeneizadora, se acerca más y más al reino donde lo «anormal», lo «raro», lo «incompleto», lo «de-formado» es bienvenido y, a todos ellos y ellas, se les ha otorgado derecho de ciudadanía.

De acuerdo con el Salmo 8, con Isaías 11 y otros testimonios bíblicos, el ser humano, el paradigma de la nueva humanidad, viene con todo su poder transformador y creador en la persona de un niño. Cuando nos movemos hacia el Nuevo Testamento encontramos que, para Lucas y Mateo, el evangelio de salvación empieza con Dios niño. ¡Qué cosa más tremenda! El hecho de que el Dios eterno, todopoderoso, Señor del universo, decidiera irrumpir en la historia humana como niño se convierte en declaración teológica de cómo definir, de principio a fin, el proyecto salvador de Dios y al ser humano que vislumbra. Porque Dios decide hacerse humano y presentarse ante nosotros como niño y presenta ante nuestros ojos al proyecto de Dios o reino mesiánico desde una perspectiva infantil. Estos dos elementos, al principio y al final de la encarnación, deben considerarse seriamente al definir y entender a Jesús y su actividad aquí en la tierra.

A los varones adultos que acompañaron a Jesús les costó entender el proyecto de Dios de crear una humanidad cuyos rasgos más importantes se los imprimiera la metáfora «niño». Por eso, en varios momentos y de distintas maneras Jesús tuvo que recordárselos: «*Te alabo, Padre, Señor del cielo y de la tierra, porque escondiste estas cosas de los sabios y de los entendidos, y las revelaste a los niños*» (Mt 11.25, RV60); "*Dejad a los niños venir a mí, y no se lo impidáis; porque de los tales es el reino de*

Dios. De cierto os digo, que el que no reciba el reino de Dios como un niño, no entrará en él" (Mc 10.14-15, RV60). La metáfora del niño, aplicada a los conceptos de creación, nueva creación, encarnación y salvación —todos, temas relacionados con el concepto del Reino de Dios—, nos lleva a una deconstrucción del «adulto hegemónico», y a la vez nos ayuda a crear espacios hermenéuticos para incorporar otros tipos de humanidades que de manera consuetudinaria son excluidos del concepto de imagen de Dios dictado por una hermenéutica y teología del *statu quo*. Este, creo yo, es el marco contextual desde donde se pueden discutir textos bíblicos y temas teológicos que de manera particular y concreta se refieren a nuestro tema en cuestión: «el reino de Dios».

Desafíos del concepto «reino de Dios» en la teología a partir de la metáfora niño/niña («Child Theology»)

Al colocar la metáfora del niño en el centro del quehacer bíblico teológico, el desafío más importante es cómo hacer una teología bíblica desde la perspectiva infantil.[10] El abordaje desde el concepto del reino de Dios ofrece una de las mejores puertas de acceso para la elaboración de esa teología. Tal como se ha indicado en las secciones anteriores, realizar una teología bíblica desde la metáfora del niño y desde la perspectiva del niño que esa metáfora bíblica usa, hace que la mayoría de los componentes del *pensum* teológico cristiano se mantengan dentro de esa teología —el concepto de Dios, la imagen de Dios (definición de ser humano), el sacerdocio universal de los creyentes, la redención, la iglesia, la autoridad, el poder, la conversión, la justificación, la misión, la educación cristiana, la espiritualidad—; pero, además, permite definir y describir esos componentes desde la

---

10 Véase el capítulo sobre el "Desarrollo de una teología desde la infancia".

óptica privilegiada por la revelación bíblica: la opción por los pobres, los marginados, los desclasados, los silenciados, los violentados.

Cuando se habla de hacer una teología desde la perspectiva del infante, la metáfora bíblica del niño no tiene que ver nada con la inocencia o la pureza; es decir no se habla de algo inherente al niño, sino al espacio del niño en la sociedad, su papel, sus libertades y sus limitaciones. En la época de Jesús, el niño —como la mujer, como las personas con discapacidades, como los esclavos— era un marginado, máxime si este era huérfano o de una familia pobre a causa de las deudas o de las enfermedades. Desde su marginación, pobreza y vulnerabilidad, el niño se hace prototipo de ciudadanía del reino porque llega a él con las «manos vacías», sin privilegios. Y esta es la misma situación que vive el niño en los países denominados como «tercer mundo». Ya lo indicó de manera clara y concisa Eduardo Galeano: «Niños son, en su mayoría, los pobres; y pobres son, en su mayoría, los niños. Y entre todos los rehenes del sistema, ellos son los que peor la pasan. La sociedad los exprime, los vigila, los castiga, a veces los mata: casi nunca los escucha, jamás los comprende».[11]

Ahora bien, aunque en el uso que Jesús hace la metáfora del niño no incluye características inherentes del niño sino más bien se usa «como una pauta o pista para lograr tener un mayor entendimiento de Dios y de su reino»,[12] sí existen algunas características inherentes que deben integrarse a la metáfora del niño para un enriquecimiento mayor del quehacer teológico desde esa perspectiva particular. Y se debe reconocer que una de esas

---

11 Galeano, Eduardo, *Patas arriba: la escuela del mundo al revés, revés,* Siglo XXI Editores, México, 1998, p. 14.
12 White, Keith and Willmer, Haddon, *An Introduction to Child Theology,* The Child Theology Movement Limited, London, 2006, p. 6.

características propias de la infancia hace que a la vez se convierta en un marginado del *statu quo*, pero también protagonista indiscutible del reino de Dios. Me refiero, concretamente, al juego. Y aquí traigo a la memoria el texto antes citado de Isaías 11.6. Es imposible hacerse un cuadro realista de ese texto, si no se incluye el carácter lúdico que forma parte del protagonismo infantil. De hecho, Isaías 11.8 usa la palabra hebrea que tiene, como una de sus acepciones el juego (*sha'a'*). Además, tal como cuenta Mateo 21.12-17, mientras que a los comerciantes y líderes religiosos del templo no les incomodaba nada el comercialismo y corrupción que practicaban, sí se sentían insultados e incómodos por las sanaciones de ciegos y cojos y por la algarabía infantil en pleno templo. Y, ¿qué de los juegos litúrgicos de Josué 6 en donde el triunfo sobre el enemigo —tal como dice el salmo 8.2— se dio no tanto por la maquinaria pesada de la guerra sino por la bulla de trompetas y gargantas de todo el pueblo, incluyendo las infantiles (vv.16 y 20)?

El mundo de los niños es, sobre todo, el mundo del juego; es el espacio donde tienen cabida la creatividad, la expectativa y la libertad. En su libro *La teología como juego*, el teólogo brasileño Rubem Alves nos ayuda a definir la perspectiva infantil del reino de Dios y cómo articularla teológicamente:

> *"Para hablar, [el teólogo] tiene que abandonar la compañía de los que aprendieron a ver y hablar según manda la educación y el buen sentido, viéndose forzado a procurar la compañía de los bufones, de los niños, siempre unidos por la risa y la irreverencia. El teólogo vive en compañía de los niños y los bufones, pues ellos saben que el entretenimiento y la risa son cosa seria, que quiebran hechizos y exorcizan la realidad. Octavio Paz entendió muy bien esto: «Los verdaderos sabios no tienen otra misión que la de hacernos reír*

> *por medio de sus pensamientos y de hacernos pensar contándonos sus chistes». A lo que el teólogo agrega 'Amén'."*

Y es «que todas las cosas se hacen nuevas, las viejas desaparecen» (2 Cor. 5.17); los ojos comienzan a ver lo que los otros no ven. Pero es necesario decir esto en voz baja. Quien ve cosas que otros no ven y no ve cosas que los otros ven, corre el riesgo de ser encerrado en un hospicio, tal como las personas normales (cuyos nombres se perdieron) hicieron con Nietzsche y Van Gogh. Los mayores piensan que los niños y los bufones son personajes curiosos y divertidos *dentro* de su mundo, sólido y firme. Mal saben ellos que los niños y los bufones son peligrosos subversivos que anuncian nuevos mundos con su risa.[13] Por eso, Alves nos ayuda a entender más la perspectiva infantil al definir al niño:

> *"¿Qué es un niño? Parece que el mito de su inocencia y pureza murió hace mucho tiempo. Freud fue el sepulturero. Ejemplos de amor tampoco son. Su narcisismo es por demás evidente: sólo se ven a sí mismos. Si hay algo que les es característico es su capacidad de jugar. En el mundo del juego las estructuras no se transforman nunca en ley. Cada nuevo día se presenta como un espacio libre, que permite que todo comience de nuevo, como si nada hubiera pasado. El juego se convierte en una denuncia de la lógica del mundo adulto. Los niños se niegan a aceptar el veredicto del «principio de realidad». Separan un espacio y un tiempo y tratan de organizarlos según los principios de la omnipotencia del deseo. Y allá se mueve un grupo de niños, en medio del mundo adulto, como una protesta contra él. ¿Será algo semejante a esto lo que Jesús*

---

13 Alves, Rubem, *La teología como juego*, Asociación Ediciones La Aurora, Buenos Aires, 1982, pp. 116-117.

> *tenía en mente, al hablar de la necesidad de que nos volvamos niños? Los niños no se conforman con este mundo. No es posible que la seriedad y la crueldad adulta sea lo más importante que la vida puede ofrecernos. El mundo puede ser diferente. Y, en el juego, esta cosa nueva se ofrece como aperitivo."* (Alves, R. La teología como juego, pp. 130, 141,142)

Al tomar en serio el juego del niño se toma muy en serio la tarea de transformar la sociedad. Juntos, ambos proveen una dinámica creadora en la que Dios, el niño eterno, nos convida a jugar con él para el beneficio del desvalido y vulnerable. Es un juego en el que quien ha acumulado muchas «fichas» (en los juegos no divinos) deberá ir perdiéndolas para que los jugadores carentes de «fichas» terminen poseyéndolas. Es el juego de la solidaridad y la liberación. Es un juego que no gusta a los que tienen mucho y están «arriba» pero que celebran y aplauden los de «abajo». En la demanda de esta perspectiva, la iglesia no solo debe recobrar el espíritu festivo sino cambiarlo de orientación: Dios nos invita a celebrar fiestas en las que los que no tienen el poder, ni los privilegios, ni las riquezas, tengan la ocasión de criticar, desenmascarar y enjuiciar a los poderosos. Una fiesta semejante a la «fiesta de locos» de la Edad Media. En esa fiesta, un niño era el obispo y un pordiosero, el rey. Con tales personajes, la «fiesta de locos» venía cargada de una dimensión radical implícita; era una verdadera crítica social. Es en realidad, la fiesta de la cruz: «Porque la palabra de la cruz es locura a los que se pierden; pero a los que se salvan, esto es, *a nosotros, es poder de Dios... Nosotros predicamos a Cristo crucificado, para los judíos ciertamente tropezadero, y para los gentiles locura; mas para los llamados, así judíos como griegos, Cristo poder de Dios, y sabiduría de Dios*» (1 Cor 1.18; 23-24).

En ese juego infantil, el Dios «niño», también juega; y su «juego» es un quehacer solidario y redentor. He señalado, con la cita de los relatos del nacimiento del Mesías en Mateo y Lucas, que en el proyecto salvífico de Dios de la nueva creación y del reino mesiánico, Dios decide revelarse plenamente como Dios Salvador en la persona de un niño, pobre y vulnerable. Y así, declara Mateo, «Dios-está-con-nosotros» (*emmanu-'el*). En el nuevo *eon* que Dios inaugura, la redención y la misma presencia y revelación de Dios les dan lugar prioritario a los rasgos metafóricos infantiles más que a los del adulto. Dice Lucas 2.11-12: «*¡Su Salvador acaba de nacer en Belén! ¡Es el Mesías, el Señor! Lo reconocerán porque está durmiendo en un pesebre, envuelto en pañales*». Así que el nombre de Dios con el que se le conoció en el Antiguo Testamento, como YHVH,[14] se entiende ahora, no como «El-que-está-con...» en la figura del gran «Dios de los ejércitos», «poderoso en batalla», destrozador de poderosos enemigos, como lo fueron los egipcios; sino el Dios «que-está-con-nosotros» con todo su poder transformador infantil. Ese Dios niño que no encontró otra mejor manera de acabar con los violentos que el balbucear de un infante (Sal 8.2) o con el liderazgo del niño pastor que gobierna en el nuevo reino mesiánico de Dios (Is 11.1-8).

Una nueva definición del ser de Dios, tal como lo comunica el *tetragrámaton* se puede dar, sin problema alguno, a partir de la metáfora del niño, de la teología del niño. Dicho eso, tal consideración permite llamar a YHVH, sin duda alguna,

---

[14] Edmond Jacob dice: "*It is not the idea of eternity which is primary when the Israelites pronounce the name Yahweh, but that of presence. Like all the other Israelite concepts, existence is a concept of relation, that is to say, it is only real in connection with another existence. God is he who is with someone*", Theology of the Old Testament-I: p. 52. Gerhard von Rad dice algo similar en Theology of the Old Testament-I, p. 180.

como el Dios de los Pobres, de las personas que tienen alguna discapacidad y de todo aquel o aquella que sufra marginación y silenciamiento de quienes detentan el poder, de los hegemónicos, definidos a partir de la metáfora del «adulto». Y así, se puede hablar del tema de la *imago dei*. No necesito repetir lo que ya escribí en páginas anteriores. Pero sí es justo recalcar que, desde la perspectiva del reino de Dios, en clave infantil, el hablar tanto de Dios como del ser humano proveen de un espacio más inclusivo y menos hegemónico que desde la clave adulta.

Bibliografía

Brueggemann, Walter, *Interpretation and Obedience: From Faithful Reading to Faithful Living*, Augsburg Fortress Press, Minneapolis, 1991.

Buber, Martin, *The Kingship of God*, Harper & Row, San Francisco, 1967.

Consejo Mundial de Iglesias. *Venga tu reino: Perspectivas misioneras*, Ediciones Sígueme, Salamanca, 1982.

Cox, Harvey, *No lo dejéis a la serpiente*, Ediciones Península, Barcelona, 1969.

Galeano, Eduardo, *Patas arriba: la escuela del mundo al revés*, Siglo XXI Editores, México, 1998.

Garland Thomson, Rosemarie, *Extraordinary Bodies: Figuring Physical Disability in American Culture and Literature*, Columbia University Press, New York, 1997.

Lupton, Robert D. *Theirs is the Kingdom. Celebrating the Gospel in Urban America*, Harper & Row, San Francisco, 1989.

Meinertz, Max, *Teología del Nuevo Testamento*, Ediciones Fax, Madrid, 1963.

Smith, George Adam, *Geografía de la Tierra Santa*, Edicep, Valencia, 1985.

Von Rad, Gerhardt, "El problema teológico de la fe en la creación en el Antiguo Testamento", en *Estudios sobre el Antiguo Testamento*, Ediciones Sígueme, Salamanca, 1976.

Wink, Walter, *Engaging the Powers: Discernment and Resistance in a World of Domination*, Fortress Press, Minneapolis, 1992.

PARTE 2

Jugando en el mundo: teología en clave de niñez

PARA UN MUNDO MEJOR, EL NIÑO ES EL LÍDER

¿A qué se debe el sonado y persistente triunfo de tiras cómicas tales como *Mafalda* y *Peanuts*?, ¿por qué las *Crónicas de Narnia* se han convertido en clásicos de la literatura junto con obras tales como *Mary Poppins* y *Peter Pan*?, ¿por qué hay más y más películas cuyos temas y protagonistas principales desestabilizan y desarticulan el mundo «adulto normal» y ofrecen una alternativa utópica que reinventa la vida, la sociedad, el mundo en los que los adultos se ven obligados a vivir y actuar de acuerdo con la propuesta lúdica del «niño», como en las películas *Duende* y *El viaje de Chihiro*?

El secreto es el juego. Y si Dios, a través de su profeta (Is 11.6), dice lo que dice sobre la visión de su reino y la importancia del juego es porque para Dios, la respuesta para una vida apresada en la seriedad y la incongruencia de todo lo que consideramos importante como el dinero, el poder y la posición social es el juego. Porque el juego le quita a todo eso su carácter de «sagrado», de «valor máximo». El juego, desde esta perspectiva, es además de liberador, una fuerza iconoclasta. A través del juego se desubica a los poderosos y a los que se sienten seguros en lo que hacen y en la posición en la que están. George Sheehan en su libro *Correr, la experiencia total*, ofrece varios pensamientos al respecto:

> *"Jugar, pues, es la respuesta al rompecabezas de la existencia... Los filósofos han hecho alusión a*

> ello durante siglos. En la actualidad, los teólogos están analizando en profundidad la idea de que debemos ser como niños para entrar en el Reino de Dios. Si es así, no hay nada más característico en los niños que sus ganas de jugar. Nadie llega a este mundo siendo rígido. Si hay algo de lo que menos se preocupen los niños es del trabajo, el dinero y el poder, y de lo que llamamos resultados. (...) El juego, desde luego, nos dice otra cosa. Y tú ya lo has descubierto. Si haces algo a cambio de nada, ya estás en el camino que lleva a la salvación. Y si eres capaz de dejarlo en un minuto y olvidar el resultado, habrás avanzado más. Y, mientras lo estás haciendo, te trasladas a otra existencia y no hay necesidad de preocuparse por el futuro.
>
> (...) Los niños, que son atletas, poetas, santos y científicos todo en uno, hacen esto de manera natural. Pocas veces se preguntan por el propósito. Pocas veces se plantean si son útiles o no. Prácticamente nunca tienen en cuenta el servicio y la respetabilidad. Estos recién llegados del Paraíso son ejemplos de la unidad pura de corazón, alma y cerebro dentro de un cuerpo casi siempre en acción. Y esa acción es el juego".[1]

Quizá valga la pena definir qué es ser adulto antes de hablar del juego como definición del ser niño. Ser adulto, en el contexto de nuestra reflexión, es querer usar los medios de poder y la riqueza para alcanzar la victoria y el éxito. Es pretender resolver los errores del mundo construido por adultos con sus propios medios de gente adulta, seria, calculadora, tecnificada y científica. Jean Duvignaud, en su libro *El juego del juego*, afirma:

> "El pensamiento de nuestro siglo rehúye lo lúdico: se empeña en establecer una construcción

---

[1] Sheehan, George, *Correr, la experiencia total,* traducción de Pedro González del Campo, Editorial Paidotribo, Barcelona, 2015, pp. 96-97, 107.

coherente donde se integren todas las formas de la experiencia reconstituidas y reducidas mediante sus propias categorías. Se ha emprendido un inmenso esfuerzo por escamotear el azar, lo inopinado, lo inesperado, lo discontinuo y el juego. La función, la estructura, la institución, el discurso crítico de la semiología sólo tratan de eliminar lo que les aterra."[2]

Son muchas las razones de ese ocultamiento. En primer lugar, las exigencias intelectuales de una economía de mercado y una tecnología con frecuencia incontrolada, que dejan poco lugar para el terreno baldío de la ensoñación, aparentemente fútil, de cualquier latitud que sean. A los planificadores les repugna tomar en cuenta, en el balance de los recursos humanos, el «precio de las cosas sin precio», es decir, de las actividades que no justifican en absoluto la redituabilidad. El positivismo ha logrado eliminar lo que estorbaba su visión «plana» del universo. En ese sentido, Eduardo Galeano denuncia:

"*En el mundo tal cual es, mundo al revés, los países que custodian la paz universal son los que más armas fabrican y los que más armas venden a los demás países; los bancos más prestigiosos son los que más narcodólares lavan y los que más dinero robado guardan; las industrias más exitosas son las que más envenenan el planeta; y la salvación del medio ambiente es el más brillante negocio de las empresas que lo aniquilan. Son dignos de impunidad y felicitación quienes matan la mayor cantidad de gente en el menor tiempo, quienes ganan la mayor cantidad de dinero con el menor trabajo y quienes exterminan la mayor cantidad de naturaleza al menor costo*".[3]

---

[2] Duvignaud, Jean, *El juego del juego*, traducción de Jorge Ferrero Santana, Fondo de Cultura Económica, México, 1982, p. 13
[3] Galeano, Eduardo, *Patas arriba: la escuela del mundo al revés*, Siglo XXI

Al leer las palabras de Galeano, no sorprenden para nada las de Alessandro Pronzato en su descripción sobre los adultos:

> "Sí, los hombres adultos son un verdadero desastre. No se puede esperar ya nada de ellos. Se tienen por sabios. En realidad, no han aprendido otra cosa más que a estropearlo todo. Los adultos están llenos de complicaciones, de pretensiones, de reservas mentales, de sospechosos compromisos. El adulto mejor que recibir el reino, se «defiende del reino». Porque se considera ya «hecho». (…) ¡Ay de los que siguen siendo adultos! ¡Ay de los que se refugian en la seguridad de su prudencia de viejos! No hay en el hombre nada tan odioso como su pretendida prudencia, ese germen que permanece estéril, ese huevo de piedra que los viejos van guardando de generación en generación, esforzándose por calentarlo de vez en cuando bajo sus flancos helados. En vano intenta Dios convencerlos y rogarles con dulzura que abandonen ese ridículo objeto para buscar el oro vivo de las bienaventuranzas. Ellos lo miran tiritando de miedo y con horribles suspiros. Si es verdad, como dice el evangelio, que la prudencia es locura, ¿por qué, entre tantas locuras, escoger precisamente esa antigualla? Pero «la prudencia es el vicio de los viejos», y los viejos no sobreviven a sus vicios y se llevan consigo su secreto".

Los cristianos «viejos», incapaces de seguir el pequeño sendero de la infancia, pretenden presentarle a Dios un programa bien trazado, con todos los detalles bien precisados y les gustaría que él estampase allí su firma. Dios se ve incapaz de añadirle a ese programa tan bien definido la más mínima propuesta, una propuesta que pudiera trastornar —como él sabe

---

Editores, México, 1998, p. 7.

hacerlo— todos los proyectos. Como analiza Pronzato: *"Se han construido una coraza, donde no había ni el más mínimo agujero a través del cual pudiera Dios hacer penetrar el germen de «novedad»"*.[4]

De acuerdo con los estudios de la personalidad humana, lo que realmente define al niño como tal es el juego, no otra cosa. La definición que al respecto dan varios diccionarios así lo confirma: «el juego es la actividad recreativa espontánea y organizada de los niños» (*Webster'Third*); «el juego es el ejercicio o acción por medio del recreo o la diversión, observado especialmente como actividad espontánea de niños o animales jóvenes» (*Shorter Oxford English Dictionary*). Jean Duvignaud se refiere al juego de la siguiente manera: «el fin del juego es el juego mismo» y porque se trata de «*una actividad propia, paralela, independiente, que se opone a los actos y a las decisiones de la vida ordinaria mediante características que le son propias y que hacen que sea juego*». En el estudio del juego como práctica preponderantemente infantil, resulta sorprendente descubrir que uno de sus territorios privilegiados es el del lenguaje. En sus juegos, los niños inventan palabras, cambian la sintaxis, hacen añicos el discurso social de los adultos. En eso, se parecen a los poetas. Estos son los que, al decir de Duvignaud, «prolongan más allá de la infancia el poder de cambiar el orden de las palabras y alterar la sintaxis». En realidad, es tremendo reconocer los paralelos que se dan entre el juego y la poesía: nos sorprenden, son creativos —crean espacios de vida o mundos nuevos—, se enfocan más en los sentimientos que en la razón, apelan más a lo lúdico que a lo productivo, funcionan como palabra profética pues subvierten al mundo demasiado «conocido» y fácil

---

[4] Pronzato, Alessandro, *Evangelios molestos,* traducción de J. Sánchez y A. Ortiz, Ediciones Sígueme, Salamanca, 1969, pp. 54, 56-57.

de predecir. En el juego y la poesía se crean nuevos lenguajes y la metáfora ocupa un lugar privilegiado. Y esto es escandaloso: «Ya Platón echaba de la "ciudad" a todos aquellos que mutilan la sintaxis o la lengua: a los poetas. Para quien altera impunemente la configuración establecida de las cosas y los valores, sólo un lugar es conveniente: el exilio».[5]

Sobre el poder del lenguaje profético son dignas de tomar en consideración las palabras de Walter Brueggemann:[6]

> *"Cuando hablo de poesía no me refiero al ritmo, rima o métrica, sino al lenguaje que salta en el momento preciso, que desenmascara viejos mundos con sorpresa, fuerza y paso acelerado. El discurso poético es la única proclamación que merece expresarse en una situación de reduccionismo, la única proclamación, sugiero, que es digna de llamarse predicación. Este tipo de predicación no es la instrucción moral o la solución de problemas o la clarificación doctrinal. No es el buen consejo, ni la caricia romántica, ni el humorismo relajante. Es, más bien, la propuesta ágil, resuelta y sorpresiva de que el mundo real al que Dios nos convida para vivir no es el que ofrecen los gobernantes de esta era. El discurso poético del texto bíblico y del sermón es la construcción profética de un mundo que trasciende este que ya nos parece tan desgastado".*

Si los poetas y lo niños reinventan el lenguaje y recrean al mundo, su tarea no puede definirse de otra manera, sino como «puerta» a la salvación, a la novedad de vida. Por ello es que resultan peligrosos para quienes detentan el poder, para

---

[5] Duvignaud, Jean, *El juego del juego*, traducción de Jorge Ferrero Santana, Fondo de Cultura Económica, México, 1982, pp.33-34.

[6] Brueggemann, Walter, *Finally Comes the Poet: Daring Speech for Proclamation*, Fortress Press, Minneapolis, 1989, pp.3-4.

los que han acumulado las riquezas y manipulan los medios de comunicación. Rubem Alves escribe: «En los juegos y entretenimiento la libertad y la necesidad se encuentran, y la alegría que deriva de ellos, brota justamente de la libertad triunfante que domina la necesidad, produciendo un mundo posible de *ser amado*»; y continúa más adelante:[7]

> *"Los niños saben que ellos son, al mismo tiempo, los que asumen los papeles y los que escriben los libretos. Por esto mismo son libres para inventar, modificar, cambiar, dejar todo de lado y empezar de nuevo. Continúan siendo dueños del mundo de juegos que su imaginación creó. Por esto, no hay nada que los obligue a jugar hoy el juego que comenzaron a jugar ayer. Cada mañana es un nuevo comienzo, una nueva reorganización".* [8]

Ese es exactamente el valor del juego; la posibilidad de romper con la monotonía de una vida que mantiene las cosas como son o como el «adulto» quiere que sean. Lo peculiar del juego es la creación de un momento en el que lo que cuenta es el sujeto del juego, no las reglas. Estas se cambiarán en el próximo juego. Por ello, la teología que surge en este contexto no puede sistematizarse. Lo único seguro en el juego es lo novedoso, lo sorpresivo, la libertad que se vive. Y ese momento del juego, por más efímero que parezca ser, se convierte, por ser «evangelio» en eternidad.

---

[7] Alves, Rubem, *La teología como juego*, Asociación Ediciones La Aurora, Buenos Aires, 1982, p.17.
[8] Idem, p. 139.

El mundo mágico del niño

En la película *Mary Poppins*, protagonizada por Julie Andrews, el personaje que le da nombre a la película procede de un «mundo» diferente y solo aparece cuando la vida ha entrado en bancarrota —como se ha señalado en otro capítulo respecto de Samuel y David— y necesita de una «heroína» que personifica todo lo que es infancia o espíritu infantil para darle a la existencia humana el ingrediente que necesita para realmente vivir, el juego. Mary Poppins es un personaje «adulto» (desde el punto de vista visible o material). Pero en la película aparece otro «adulto» que es en realidad un niño crecido de este mundo que también vive jugando pero le hace falta la magia de la infancia que sí tiene Mary Poppins. Esta, le dará a Bert (papel encarnado por el actor Dick Van Dyke) esa parte que le hace falta para «jugar» y vivir plenamente. A la vez, Mary Poppins rescatará de la esclavitud del mundo adulto a los dos verdaderos niños de la película, a Michael y a Jane.

La trama de la película revela que tanto el padre como la madre de los dos niños viven atrapados en la «seriedad» y, a la vez, «el absurdo» de la vida adulta. Él trata de afirmar su rol de «Lord» de su casa, convirtiéndola en dechado de orden y limpieza; ella, lucha por su independencia como mujer, olvidando su rol de madre y de mujer. La educación de los niños es entregada a una nana. Por supuesto, la descripción del puesto de la niñera la establece, el padre, el adulto. Pero la película cambia de rumbo cuando los niños le entregan al padre su propia descripción del puesto y las características de la futura nana. El padre, como era de esperarse, rompe el papel en pedacitos y lo tira al fuego de la chimenea. Pero, por arte de magia, el papel llega a las manos de Mary Poppins enterito y totalmente legible.

Toda la película es una clara manifestación de lo absurda y necia que es la vida de los adultos y de los que se empecinan en vivir como adultos y lo sabia, creativa y renovadora que es la vida de los niños y de los adultos que son como ellos; los que han aprendido a jugar. La película termina mostrando que los adultos de la casa y del banco aprenden realmente a vivir cuando se unen en la «locura» del juego infantil.

La vida es juego y juego es la vida. Eso es lo que afirma esta película. Veamos ahora más de cerca otra película ya convertida en clásica, *La novicia rebelde*. La trama de la película es por demás importante puesto que narra un periodo de notoria violencia, odio y «limpieza» racial; la época de Hitler y la II Guerra Mundial. Al igual que los personajes de la historia de Naamán, fácilmente se pueden delinear tanto a los héroes como a los antihéroes. Los héroes pueden sin problemas definirse dentro de los parámetros del niño; los antihéroes, son los adultos, serios, estirados, mandones e inflexibles. El relato tiene que ver, como en el caso de Mary Poppins, con la necesidad de encontrarles a los niños de la familia una «niñera» o «institutriz». Pero niñera que llegaba para seguir los patrones y perfiles del padre adulto y militar, cedían vencidos por la creatividad y arrojo del «escuadrón» de niños (cuatro hijas y tres hijos). No es sino hasta la llegada de María (Julie Andrews), quien personifica de manera excelente el perfil infantil, que los niños encuentran su «igual» y ella los guía en la aventura de rescatar a los adultos de ese mundo enloquecido de maldad y poder. Además de María, el otro personaje adulto con características infantiles es el «loco» del tío Max. Su ocurrencia de hacer un coro de la familia von Trapp abre las puertas para su liberación final. De hecho, en un diálogo con la baronesa Schreider, él mismo dice respecto de sí: «Pero si soy un niño, ¡me encantan los juguetes!».

Ambos, María con su música y Max con sus ideas, crean ese grupo musical que llegó con su fama tan lejos.

Los personajes claramente adultos son, además de las autoridades alemanas, la baronesa y, al principio, el Capitán Gail. El momento crucial y el cambio de la trama de la película suceden cuando, después de unirse al canto de sus hijos, el Capitán le dice a María: «¡*Gracias, has traído la música de nuevo a este hogar!*». María es la «niña» que libera de su seriedad e inflexibilidad, primero al convento de monjas y luego al hogar del Capitán. Ella libera a los niños del trato tan adulto y militar con los que el padre los tenía. Ella liberó al mismo Capitán de su pasado y de las garras de la baronesa quien no solo no sabía tratar a los niños, sino que tenía por meta quedarse con la riqueza de la familia von Trapp. Música y juego son los ingredientes claves de esa liberación.

En todos estos ejemplos, los verdaderos protagonistas son los niños o los que son como ellos. En el mundo del niño y del juego, es el niño el que descubre la respuesta de los enigmas y se nutre de esos descubrimientos y con ellos rescata a los adultos y su mundo tan predecible, inflexible y destructivo.

En la película *Marcelino pan y vino*, el monasterio de los monjes que lo acogen cobija algo/alguien que solo liberará su influjo milagroso y majestuoso cuando el niño usa su clave infantil. El verdadero encuentro con Cristo, la verdadera celebración eucarística, el traerle vida al convento se logra no a partir de los monjes, sino de Marcelino. Lo mismo ocurre con la alimentación de la multitud en Juan 6 o con la niña de 2 Reyes 5. El reino mesiánico de Isaías solo podrá hacerse realidad cuando sea un niño pequeño el que tome el liderazgo.

Cuando miramos de cerca los milagros en la Biblia o la liturgia, elementos claves de la teología bíblica y del encuentro divino-humano, descubrimos que su valor se revela mejor cuando lo hacemos con clave infantil; es decir, desde el niño. Tanto los milagros de Jesús como la liturgia reflejan, sin duda, el quehacer infantil del juego. En realidad, la encarnación, el quehacer teológico, los actos poderosos de Dios en Cristo, y la definición de reino de Dios y su manifestación, todo eso, **es cosa de niños**. No han sido la iglesia, ni las instituciones teológicas, ni los grandes teólogos los que han descubierto el papel del niño y del juego en la tarea de rescatar a la humanidad y al mundo de su «loca carrera al desastre», sino poetas, pintores, caricaturistas y literatos los que han hecho el descubrimiento.

Cuando leí un pensamiento proveniente de la pluma de Pablo Picasso sobre su obra artística y los niños reconocí algo característico de su pintura. Picasso dijo: «Pintar como los artistas del Renacimiento me llevó unos años. Pintar como los niños me llevó la vida». Y en efecto, cuando se contempla de cerca su obra monumental, *Guernica*, descubre que Picasso, como los niños, no se preocupó por «corregir» su dibujo como para presentarlo perfecto y sin tachas o trazos fuera de línea. Picasso dejó los trazos de las etapas originales del «borrador» previo al original. La pintura de Picasso es en ese sentido y en otros una obra de arte infantil. Y en eso alcanza su fuerza y poder comunicativo. Son figuras más infantiles que «adultas» las que delinean a los personajes y caracteres de la pintura. Quizá, por su alegría de haber descubierto el verdadero arte del dibujo y la pintura, a lo infantil, Picasso nos legó, en forma de pensamiento, una advertencia: «*Cada niño es un artista. El problema es cómo seguir siendo artista una vez que crezca*».

El gran poeta chileno y premio nobel de literatura, Pablo Neruda, también lo advierte en un pensamiento que se ha eternizado:

"El niño que no juega no es niño
Pero el adulto que no juega
Perdió para siempre
Al niño que vivía en él
Y el que tanta falta le hará".

La fuerza teológica del poder transformador del evangelio se ha logrado de manera cautivadora, profunda y creativa, no en las dogmáticas de los renombrados teólogos o en los tratados de doctrina de las instituciones teológicas, sino en las *Crónicas de Narnia* de C. S. Lewis. En las siete crónicas o novelas, Lewis saca del dominio «adulto» el tema del reino de Dios, del pecado, de la creación, de la salvación y de la vida «eterna» y se las entrega a quienes les pertenecen; a los niños. La creación de Narnia, la aparición de Aslan, el león, el triunfo sobre la bruja, el mal, la oscuridad, el frío, todo es obra de los niños. Los que pueblan el mundo mágico y maravilloso más allá del mundo humano, llaman a los niños que llegan a él por medio de la magia del juego: «hijos de Adán» e «hijas de Eva». En las siete crónicas de Narnia, C. S. Lewis nos describe, junto con otras grandes enseñanzas, tanto las características de los «adultos» como la de los «niños» para ayudarnos a entender qué significa «reino de Dios» y todo lo relacionado con él.

En el libro *El sobrino del mago*, recogemos una imagen de lo que para Lewis es ser «adulto». El mago Andrés, tío del niño protagonista, no entiende la mente ni el espíritu del niño. Él es quien comete las peores locuras y, aún en el mismo «mundo» mágico de los niños, aprovecha toda situación para tratar de imponer la ideología del adulto, del mundo del materialismo, del dinero y del poder. Es un ser sin escrúpulos, sin consciencia y preocupado solo por sí mismo. Quiere matar a Aslán, el león, porque este se opone a sus sueños materialistas y mercantilistas. Las siguientes son sus propias palabras:[9]

> "—Notable, sumamente notable— musitó el tío Andrés. Yo no había soñado jamás una magia como esta. Estamos en un mundo donde todo, hasta un farol, toma vida y crece. Quisiera saber de qué semilla brota un farol.
>
> —¿No se da cuenta? —preguntó Dígory. Aquí fue donde cayó la barra de fierro, la barra que ella [la bruja] arrancó del farol allá en Londres. Se hundió en el suelo y ahora vuelve a salir como farol chico.
>
> —¡Eso es! Estupendo, estupendo— exclamó el tío Andrés sobándose las manos con más fuerza que nunca. ¡Para que vean, para que vean! Se reían de mi magia. Esa tonta de mi hermana cree que soy lunático. ¿Qué van a decir ahora? He descubierto un mundo donde todo es una explosión de vida y crecimiento. Colón, ya ves, hablan de Colón. Pero ¿qué es América comparada a esto? Las posibilidades económicas de este país son ilimitadas, y saldrán convertidos en flamantes locomotoras, acorazados, todo lo que tú quieras. No costarán nada, y los podré vender a los mejores precios de Inglaterra. Voy a ser millonario. ¡Y el clima, además! Ya me siento veinte años más joven. Puedo instalar un centro de salud. Un buen sanatorio aquí me podría dar veinte mil [libras esterlinas] anuales. Claro que tendré que compartir el secreto con algunas pocas personas. Lo primero que hay que hacer es matar a ese animal [Aslán, el león]".

---

[9] Lewis, Clive Staples, *Las Crónicas de Narnia: El sobrino del mago*, traducción de María Rosa Duhart Silva, editorial Andrés Bello, Santiago, 1989, pp. 96-98.

Lo más triste de toda la actitud y mentalidad del tío Andrés es que, mientras él pensaba en hacer negocio y encontrar la manera de eliminar a Aslán, este, por medio de su melodiosa voz, creaba el reino de Narnia, el reino de los animales parlantes donde los niños son los líderes y gobernantes. A lo largo de todas las Crónicas, el autor usa al «adulto» como sinónimo de la manera equivocada de pensar y razonar debido al escepticismo, la ausencia o pérdida de la imaginación, altamente pragmáticos, obtusos, egoístas y materialistas. Al considerar de esa manera a los adultos, el problema trasciende el asunto cronológico. Así como hay algunos pocos adultos con espíritu infantil, también hay niños que piensan y se comportan como adultos. En *El león, la bruja y el armario*, Edmundo el penúltimo de los cuatro hermanos Pevencie (Pedro, Susana, Edmundo y Lucy) es el que piensa y actúa de manera equivocada, como adulto. Solo la muerte vicaria y redentora de Aslán le salva la vida a Edmundo. En *El viaje del «Aurora»*, Eustaquio, el niño que estudia en la escuela «equivocada» y lee los libros «equivocados», es el que hace berrinches, el quejoso, el aguafiestas, el que no entiende a las figuras infantiles prototípicas como el ratón «Ripichip». El colmo de su «adultez» es el de haberse convertido en dragón. Solo la acción redentora de Aslán le devolvió la humanidad y lo convirtió en auténtico niño.

En el mundo de Narnia, el niño es el principal protagonista y, a diferencia de los otros seres vivientes, son los niños humanos quienes ejercen el liderazgo. De hecho, los niños aparecen cuando existe una situación intolerable, creada por los mismos adultos. En *La última batalla*, Lewis pone en boca de «Tirian», último rey de Narnia, la siguiente expresión que resume la visión del autor sobre el papel de los niños en el mundo mágico de las crónicas: «*Aslan y los niños del otro mundo, siem-*

pre aparecían cuando las cosas llegaban a su peor punto. ¡Oh, si pudieran hacerlo ahora!»

Respecto de este punto, es importante considerar qué tan natural es que los animales intercambien en diálogo con los humanos que visitan desde su propio mundo. Y al igual que como sucede en la Biblia, todo aquello que en el mundo humano adulto es marginado y considerado de poco o nulo valor, en el mundo infantil de Dios ocupa papel protagónico. En el espíritu del cántico de Ana (1 Sam 2) y el de María (Lc 1), en este mundo de Dios, a los poderosos y tiranos se les humilla y se levanta a los débiles. En el mundo de Narnia, como en la Biblia, el burro también ocupa lugar de honor. En *La última batalla* aparecen dos animales que juegan en la historia un papel diametralmente opuesto; el mono es el malo de la «película» y el burro, el «buenazo». Tan bueno era que su nombre lo dice todo, es "Cándido". Pues bien, en el momento de la llegada inesperada y redentora de Aslan, al primero que convoca y premia es al burro Cándido: [10]

> *"A la primera persona a quien Aslan llamó fue al Burro Cándido. Nunca has visto a un burro tan débil y tonto como Cándido caminando hacia Aslan; y se veía tan chico al lado de Aslan como un gatito al lado de un San Bernardo. El león inclinó su cabeza y murmuró algo a Cándido, que al escuchar bajó las largas orejas; pero luego le dijo algo más, al oír lo cual sus orejas se levantaron otra vez. Los humanos no pudieron escuchar lo que le había dicho en ambas ocasiones".*

---

10 Idem, *El viaje del «Aurora»*, traducción de Roberto Ingledew, editorial Caribe, Miami, 1978, p. 166.

Pero es en la persona del gran ratón Ripichip que se conjugan los dos elementos claves de nuestra reflexión: el ser niño y el juego. En *El viaje del «Aurora»*, Ripichip responde vehemente a la interrogante de Drinián, Lord de Narnia y capitán del «Aurora»:[11]

> *"—Pero de qué utilidad sería navegar en medio de esa oscuridad?— preguntó Drinián.*
> *—¿Utilidad?— replicó Ripichip. ¿Utilidad, capitán? Si por utilidad entendéis llenar los estómagos o las billeteras, confieso que no será de ninguna utilidad. De acuerdo a lo que entiendo no nos hemos lanzado a la mar para buscar cosas útiles, sino buscar honor y aventuras. Y aquí se presenta una aventura tan grande que jamás haya oído, y si nos volvemos atrás, nuestro honor será puesto en tela de juicio".*

Cualquiera que conoce el ABC de la fe bíblica y lee las Crónicas de Narnia descubre paralelos fascinantes entre ambas obras. No hay duda de que C. S. Lewis se nutrió de la fe bíblica para crear esas grandes obras literarias y de gran contenido pedagógico. Al leerlas concluyo, fascinado que no hay otro teólogo o biblista que haya interpretado de una manera tan profunda y tan al grano la perspectiva infantil de la teología bíblica. Porque es en esas Crónicas donde los grandes temas de la teología sistemática y eclesial se presentan en perspectiva infantil y en el reino que Dios vislumbró cuando inspiró al gran poeta isaiano en textos como el de Isaías 11.1-6. En el libro *El viaje del «Aurora»*, C. S. Lewis describe el proceso de «conversión» de Eustaquio, el niño que no era niño. Su actitud, sus pensamientos equivocados y su conducta alienante lo convirtieron en un dragón. Por más que quiso, no pudo des-

---
11 Idem, p. 170.

prenderse la piel dragonil. Recién con la llegada de Aslan, este redime a Eustaquio:[12]

> "Entonces el león me dijo: «Tendrás que dejar que yo te desvista». Así que me acosté tendido en el suelo de espaldas, para que él lo hiciera. El primer rasguño que hizo fue tan profundo que pensé que me había penetrado el corazón. Cuando comenzó a tirar de la piel, me dolió más que cualquier otra cosa que haya sentido jamás.
>
> —Bien, me sacó totalmente esa cosa detestable y la puso sobre el césped: pero era mucho más gruesa y oscura y llena de bultos que las otras. Entonces me sentí mucho más suave que una varilla pelada y más pequeño que lo que había sido. Luego me agarró y me tiró al agua. Esta picaba terriblemente, pero sólo fue por un instante. Luego me resultó realmente deliciosa y tan pronto como empecé a nadar y a chapotear, descubrí que todo el dolor había desaparecido de mi brazo. Entonces comprendí por qué. Había vuelto a ser un muchacho.
>
> —Luego de unos instantes el león me sacó y me vistió con ropas nuevas.

En este «bautismo» de Eustaquio aparecen ecos de la historia de Naamán (2 Re 5), el adulto convertido en niño. En la primera Crónica escrita por Lewis, *El león la bruja y el armario*, la muerte de Aslan es una muerta vicaria, en lugar del traidor Edmundo. He aquí lo que dice el Aslan resucitado al respecto ante la pregunta de Susana:[13]

> "—Significa —respondió Aslan— que aunque la bruja conocía la existencia de la Magia Inson-

---

12 Idem, pp.103-104.
13 Idem, p.201.

> dable, existe una Magia Más Insondable aún que ella desconoce. Sus conocimientos se remontan únicamente a los albores del tiempo; pero si hubiera podido mirar un poco más atrás, a la quietud y la oscuridad que existía antes del amanecer del tiempo, habría leído allí un sortilegio distinto. Habría sabido que cuando una víctima voluntaria que no ha cometido ninguna traición fuera ejecutada en lugar de un traidor, la Mesa [de piedra] se rompería y la muerte misma efectuaría un movimiento de retroceso".

En esa misma Crónica, en páginas anteriores, se hace una maravillosa descripción de la resurrección de Aslan. Y en el espíritu de las Escrituras, son dos mujeres (las dos niñas hermanas, Susana y Lucy) las primeras testigos del milagro de la resurrección. Pero lo que más llama la atención en esta interpretación infantil de Lewis, la primera acción a la que Aslan invita a las dos niñas es al juego. Dice Aslan, tan pronto termina de explicar el porqué de su resurrección: [14]

> "—Niñas—repuso el león—, siento que las fuerzas regresan a mí. ¡Niñas, pilladme si podéis!
> Se quedó quieto durante un segundo, con los ojos muy brillantes, las patas estremecidas y sin dejar de azotarse a sí mismo con la cola. Luego efectuó un gran salto por encima de las cabezas de las dos hermanas y fue a aterrizar al lado contrario de la Mesa. Riendo, aunque sin saber el motivo, Lucy trepó al otro lado para atraparlo. Aslan volvió a saltar, y se inició una loca persecución. Las hizo dar vueltas una y otra vez alrededor de la cima de la colina, ora desesperadamente fuera de su alcance, ora dejando que casi le agarraran la cola, ora pasando entre ellas, ora arrojándolas al aire con las enormes y almohadilladas zarpas para a

---

14 Idem, pp. 198-201.

continuación volverlas a agarrar y luego detenerse de improviso, de modo que los tres rodasen juntos por el suelo en un alegre y risueño montón de pelo, brazos y piernas. Jamás se había conocido en Narnia un retozar semejante; y Lucy no acabó de decidir si fue más parecido a jugar con una tormenta o con un gatito. Lo más divertido de todo fue que cuando por fin acabaron los tres tumbados y jadeando bajo el sol, las niñas ya no se sentían en absoluto cansadas, hambrientas ni sedientas".

Y es en el contexto del reino infantil, entre el juego y las grandes hazañas que se coloca al mundo de los adultos en el banquillo de los acusados y se le condena. Literatos, artistas y caricaturistas coinciden en echar mano del niño para realizar las más punzantes y arteras críticas al mundo de hoy, dominado por el adulto, sediento de poder, pragmático y destructor. ¿A quién no han fascinado una y otra vez las tiras cómicas de Mafalda y sus amiguitos? En esas tiras, Quino, el ilustrador argentino, en inspiración profética y visionaria, logra demostrar que la inteligencia infantil y sus propuestas para un mundo mejor son lo que se necesita para este mundo adulto y loco que ha llegado al tope de su torpeza y cansancio. En el contexto familiar, Mafalda resulta mucho más inteligente, sensata y conocedora de la vida que sus propios padres. Ella es mejor sujeto de educación familiar que sus propios progenitores y les da a los líderes del mundo (en plena guerra fría) alternativas para un mundo mejor en medio del juego y de la ingeniosidad infantil.

Bibliografía

Alves, Rubem, *La teología como juego*, Asociación Ediciones La Aurora, Buenos Aires, 1982.

Brueggemann, Walter, *Finally Comes the Poet: Daring Speech for Proclamation*, Fortress Press, Minneapolis, 1989.

Cox, Harvey, *The Feast of Fools: A Theological Essay on Festivity and Fantasy*, Harper & Row, New York, 1969.

Duvignaud, Jean, *El juego del juego*, traducción de Jorge Ferrero Santana, Fondo de Cultura Económica, México, 1982.

Galeano, Eduardo, *Patas arriba: la escuela del mundo al revés, revés*, Siglo XXI Editores, México, 1998.

Kirk, E. J., *The Chronicles of Narnia. Beyond the Wardrobe: The Official Guide to Narnia*, Harper Collins Publishers, New York, 2005.

Lewis, Clive Staples, *Las Crónicas de Narnia*:

- *El león, la bruja y el armario*, traducción de Gemma Gallart, editorial Planeta, Barcelona, 2005.

- *El viaje del «Aurora»*, traducción de Roberto Ingledew, editorial Caribe, Miami, 1978.

- *El sobrino del mago*, traducción de María Rosa Duhart Silva, editorial Andrés Bello, Santiago, 1989.

- *La última batalla*, traducción de María Rosa Duhart Silva, editorial Andrés Bello, Santiago, 1989.

Lupton, Robert D., *Theirs is the Kingdom. Celebrating the Gospel in Urban America*, Harper & Row, San Francisco, 1989.

Pronzato, Alessandro, *Evangelios molestos*, traducción de J. Sánchez y A. Ortiz, Ediciones Sígueme, Salamanca, 1969.

Sheehan, George, *Correr, la experiencia total*, traducción Pedro González del Campo, Editorial Paidotribo, Barcelona, 2015.

Terr, Leonore, *El juego: por qué los adultos necesitan jugar*, traducción de Irene Núñez, Ediciones Paidós, México, 2000.

PALABRA DE DIOS: ESCATOLOGÍA Y POLÍTICA EN AMÉRICA LATINA

El Dios-niño, el juego y la nueva creación

Recuerdo una vieja canción mexicana que en uno de sus versos reza así:

> "*Tú y las nubes me traen muy loco*
> *Tú y las nubes me van a matar*
> *Yo pa' arriba volteo muy poco*
> *Tú pa' abajo no sabes mirar*".

Es el mismo sentir que tengo al pensar en las posturas y creencias que han estado de moda por años y décadas en el evangelicalismo latinoamericano, tanto en círculos dispensacionalistas como en círculos llamados «reformados». Supongo que es porque pecan de lo mismo, repetir de manera acrítica esquemas traídos de otros lares desde la llegada del protestantismo a nuestras tierras. A decir verdad, tengo el mismo pensar que mantuvo mi «correligionario» brasileño, Rubem Alves respecto de la teología sistemática y la academia: huir, *abandonar «una concepción cerrada, dogmática, de la labor teológica… mi trabajo —decía Alves— no espera producir tesis académicas, sino invitar al juego y a la aventura poética».* [1] En otras palabras, la

---

[1] Cervantes-Ortiz, Leopoldo, *Ecos del futuro: 10 asedios poético-teológicos a Rubem Alves*, Casa Unida de Publicaciones S.A. de C.V, 2018, pp. 62-64.

teología sistemática y dogmática se deja para los «adultos».[2] No menosprecio ensayos académicos y libros que ofrecen una mirada integral del tema de la escatología, como el de mi amigo y colega Alberto Roldán, *Escatología: Una visión integral desde América Latina* y los muchos escritos de nuestro homenajeado Juan Stam.

El juego infantil como campo de la nueva creación y de la escatología

Al juego me propongo yo. Ya en otros escritos he señalado, siguiendo a Alves y a otros profetas y poetas, que si Dios a través de su profeta (Is 11.1-9) dice lo que dice sobre la visión de su reino y de la importancia del juego es porque, para Dios, el juego es la respuesta para una vida apresada en la seriedad y en la incongruencia de todo lo que se considera importante: el dinero, el poder hegemónico y la posición social; ¡el juego, para ellos, no es una opción![3] Porque el juego le quita a todo eso su carácter de «sagrado» de «valor máximo». Lo que acabo de señalar se reafirma con la siguiente cita de George Sheehan:

> *"Los que se sienten abatidos y desanimados por las tragedias que ocupan las primeras páginas del*

---

2 Ser adulto, en el contexto de nuestra reflexión, es querer usar los medios de poder y la riqueza para alcanzar la victoria y el éxito. Es querer resolver los errores del mundo construido por adultos con sus propios medios de gente adulta, seria, calculadora, tecnificada y científica.

3 En un estudio que habla de la ausencia del juego en la educación pedagógica universitaria, se afirma lo siguiente: «La lúdica, específicamente en la modalidad de juego, suele ser depreciada por considerarse que presenta un bajo nivel de fiabilidad pedagógica» (Domínguez Chavira, *La lúdica*: 7). Es de esperarse en un mundo que todo lo adecua para que el sistema y el *statu quo* funcione «a perfección».

> periódico causadas por el Homo sapiens o por los desastres provocados por el Homo faber, pueden cambiar gracias al optimismo que desprende la sección de deportes del periódico y por saber que todos los días son Navidad.
>
> Una Navidad anunciada en el libro bíblico Proverbios: «Y con él estaba yo ordenándolo todo, y fui su delicia todos los días, teniendo solaz en todo momento; regocijándome en el mundo. Y mis alegrías pasaban por esta con los hijos de los hombres».[4]

En el mundo de Dios, su reino, el de ayer, el de hoy y el de mañana, los pobres y los niños tienen lugar privilegiado, por la ausencia, en ellos, de todo lo que aquí definimos como «mundo del adulto». Según nuestra definición, «el adulto» hace uso de los medios del poder político, económico y religioso para alcanzar la victoria y el éxito y poco hace para resolver los errores del mundo con sus propios medios.[5] Tiene insertado, de manera tan profunda, ese paradigma de existencia y de definición de «mundo correcto e ideal», que hasta su reflexión teológica busca justificarlo:

> «El problema de Dios ha ido pasando de la pregunta que se hacían en la Antigüedad, «¿Existe Dios?», a la que se planteó la inquisición medieval, «¿Cuáles son sus atributos?», hasta nuestro dilema actual: «¿por qué creó el mundo?». Ahora, la dificultad consiste en la incapacidad para explicar la existencia del mundo y, por tanto, de nosotros mismos. No somos capaces de explicar nuestro propósito, para qué servimos, ni demostrar nuestra utilidad.

---

4 George Sheehan, *Correr, la experiencia total*, traducción de Pedro González del Campo, Editorial Paidotribo, Barcelona, 2015, p. 105.

5 Véanse las palabras de Eduardo Galeano en la cita 24 del capítulo anterior, así como las de Alessandro Pronzato en la cita 25.

Y, de manera sorpresiva, es un teólogo—considerado como miembro de la casta de quienes no entienden el reino del Dios-niño/niña—quien ofrece la alternativa para un mundo mejor:

> *"La mejor respuesta, a mi entender*—dice Sheehan—, *es la idea de Calvino de que el mundo es «theatrum gloria Dei». Estamos aquí, entonces, para glorificar a Dios, a quien también le gusta jugar. Creador del gozo, el juego y el deporte. Estamos en este mundo para glorificar a Dios y regocijarnos con nuestra existencia y la de Dios. Y eso lo hacemos mediante el juego"*.[6]

En varias de las obras citadas en el capítulo titulado «Para un mundo mejor...», se afirma que en el reinado del juego, propio de los niños, niñas, de Dios, de la «niña sabiduría» (Pr 8) y de los cachorros de todas las especies mamíferas, también ocupan privilegio de ciudadanía los poetas y pintores.[7] Niños y poetas crean nuevos lenguajes, cambian la sintaxis, producen nuevos idiomas y hacen añicos el discurso social de los adultos. Pintores como Picasso, Dalí, y Miró ofrecen figuras «distorsionadas» de la «realidad», a lo infantil, como protesta al mundo del *statu quo* desgastado y añejo. Los niños y niñas, junto con los poetas y pintores, al alterar el mundo «adulto» crean nuevos mundos, nos llenan de esperanza.

Es extraordinario reconocer los paralelos que se dan entre el juego y la poesía. Ambos nos sorprenden, son creativos —crean espacios de vida o mundos nuevos—, se enfocan más en los sentimientos que en la razón, apelan más a lo lúdico que

---

6 Sheehan, pp. 106-107.

7 Ver página 85.

a lo productivo, funcionan como palabra profética al subvertir al mundo demasiado «conocido» y fácil de predecir. En el juego y la poesía se crean nuevos lenguajes y la metáfora ocupa lugar privilegiado.

De eso hablan los profetas y de otras cosas más. Su lenguaje es muy poderoso porque, en su Palabra, YHVH los invita y nos invita a usar el lenguaje de la poesía, del *poieo* («creo, crear») para transformar y ofrecer siempre nuevas y redentoras opciones. Walter Brueggemann es, a mi modo de ver, el biblista que mejor ha comprendido el poder devastador y, a la vez, creador del lenguaje poético de los profetas, de manera especial en el libro, «*Finaly comes the Poet: Daring Speech for Proclamation* (Fortress Press, Minneapolis, 1989).

El valor del juego, propio de los niños, y de los que son como ellos, es el de romper con la monotonía de una vida que mantiene las cosas como son o como el «adulto» quiere que sean. Lo peculiar del juego es la creación de un momento en el que lo que cuenta es el sujeto del juego, no las reglas. Estas se cambiarán en el próximo juego. Por ello, la teología que surge en este contexto no puede sistematizarse. Lo único seguro en el juego es lo novedoso, lo sorpresivo, la libertad que se vive. Y ese momento del juego, por más efímero que parezca ser, se convierte, por ser «evangelio» en eternidad.

Así que, en este ensayo no me voy a detener a considerar el tema de la «escatología» presente en los tratados de la llamada y obsoleta «teología sistemática» pues no creo ni considero que ese tema sea un asunto de «sistemas» y mucho menos de esos sistemas que aparecen en las tradicionales teologías que aparecen en Biblias como la muy traída y llevada "Biblia de Scofield" o los gruesos volúmenes del viejo "CLIE", en la serie *Cursos de formación teológica evangélica,* números 7 y 9. Esos «sistemas doctrinales» responden al sistema económico-hegemónico que gobierna este mundo del neoliberalismo, de la globalización y de la economía de mercado. Su teología es exageradamente individualista y «másallasista» productos de una práctica «eisegética» nada sana y, sobre todo, de la ignorancia bíblica, tanto de los autores como del pueblo a quien escriben y «mal alimentan». Meterse en el mundo de la escatología bíblica es una manera de decir; es adentrarse en el escenario de la poesía y la profecía, donde el juego y las bellas sorpresas tienen cabida. Por ello es conveniente recordar y, quizá, informar a más de uno no enterado todavía, que los textos proféticos son a la vez textos poéticos, en donde el lenguaje imaginativo y metafórico prevalecen. Me refiero a los dos primeros capítulos de Génesis que son prosa poética; al Salmo ocho, a Isaías 11.1-9; 65.17-25; a Éxodo 15.1-18; a Deuteronomio 32.1-43 y a otros más. Porque, tal como afirma Paul Ricoeur, en la poesía y la ficción narrativa —dentro de la cual se coloca la escatología— está la expectación esperanzada de un mejor algo que está por venir. No es el mundo presente (el de la locura del mercado, de los medios masivos de comunicación y del militarismo) sino un mundo prospectivo en el cual podemos tener esperanza. Es el mundo creado (*poiesis*) por la poesía y la narración que nos abre las puertas a una realidad inagotable de posibilidades que nos mantienen en una creativa esperanza.[8]

La creación el «parque de juego» del Dios-niño

Desde mis lecturas de Claus Westermann y su *Handbook of the Old Testament,* pasando por los escritos de Gerhard

---

8 Véase Vanhoozer, Kevin J., *The Joy of Yes: Ricoeur, Philosopher of Hope,* The *Christian Century,* August 23, 2005.

von Rad y el formidable libro de Juan Stam sobre *Las buenas nuevas de la creación*, he podido constatar que los textos de Génesis 1-3 tienen ya el «evangelio de la nueva creación»; es decir, el elemento escatológico. Así, aquello que se proclama en el primer libro de la Biblia encuentra su culminación en el último libro de la Biblia (Ap 21-22), y está una y otra vez presente en los textos intermedios que hablan de la creación, del éxodo y del nuevo éxodo y del reino de Dios.

Las propuestas de lectura o relectura de los textos del Génesis sobre creación en los salmos ocho y 104, así como en los textos de Isaías 11.1-9 y 65.17-25 son ya «vislumbres esperanzados de una nueva alternativa de mundo posible» donde el concepto de liderazgo, del ejercicio de autoridad y liderazgo se arranca de las «figuras y propuestas adultas y a lo adulto» para dárselas a los niños e infantes que transforman naturaleza, estructuras sociales y paradigmas de poder a la manera del Dios-infante-juguetón. Estos son textos poéticos y proféticos que cantan sobre ese nuevo mundo (véase Is 9.1-6).

En la primera creación, el ser humano creado a imagen de Dios, ya es presentado adulto y listo para tomar las riendas del recién estrenado mundo creado, al que Dios ha dado un orden de autoridad y gobierno con la estructura de los seis días más uno (véase Gn 1.28). En las relecturas del Salmo ocho e Isaías 11 se hace a un lado al «adulto» y se reemplaza con sujetos definidos a partir de la metáfora infantil. La fuerza de ese cambio se acentúa hiperbólicamente cuando se consideran los textos subsiguientes que hablan de cómo se empezó a desarrollar la historia de ese mundo creado bajo la dirección de «manos y mentes configuradas a lo adulto».

En lugar de ejercer el gobierno y autoridad figurados por el Dios creador, el adulto humano prefiere obedecer la voz de un animal que le propone seguir alternativas que llevan de nuevo al caos, al desorden y a la muerte y al choque frontal con Dios (Gn 3-4; 6-7; 11.1-9). Ya la primera creación indica que Dios quiere lo contrario. Precisamente, la tarea creadora, según el primer capítulo de Génesis, es un acto a través del cual se crea la luz, se produce el orden y se da vida a partir del *tohu vabohu* —eso que Leonardo Boff llama el «abismo omninutridor» en su libro *El magisterio del universo*, es algo que no tiene forma definida, un abismo caótico y confuso (Gn 1.2). En otras palabras, la concreción de la nueva creación, vislumbrada en el marco de la escatología, presupone y reconoce el caos que impulsa la creación de nuevas posibilidades de vida plena, de *shalom* (Is 65.17-25). Desde la perspectiva bíblica, la creación entera no existe por un acto primigenio de creación de la nada, sino por una tarea continua de salvación; de dar orden, coherencia y vida en constante confrontación con fuerzas del mal, del caos y de la vaciedad. De acuerdo con el mensaje de Génesis uno, Dios al crear salva y al salvar crea (véase el tema sobre nueva creación en Isaías 40-55).

Si en Génesis uno, Dios al crear al universo lo redime del desorden y del caos, en Génesis dos, la «salvación-creación» se da a partir de la aridez y de la esterilidad. En la creación, Dios convierte el caos en armonía y orden y la esterilidad en verdor y vida radiante. ¡Es una obra liberadora! En Génesis uno, a cada paso de la creación se corona la obra de un día afirmando «y vio Dios que era bueno»; y cuando llega al final del pasaje, después de la creación del ser humano, se expresa con el clímax: «vio Dios todo lo que había hecho, y he aquí que era **bueno en gran manera**» (v.31, RV60). En Génesis 2, el movimiento ascendente se da a partir de un «jardín» sin agua y sin «jardinero» y termina con la presencia de animales con «nombre» y con la creación de la mujer, la «compañera idónea». Tanto el jardín como el varón empiezan incompletos y, por cierto, improductivos, y terminan completos y altamente productivos.

En ambos textos, la participación tanto de Dios como del ser humano queda marcada por esa constante preocupación de crear algo bueno y bello y de unir esfuerzos constantes para superar las fuerzas del mal y del caos. Así, es más fácil entender de forma más adecuada el uso de los verbos «reinar», «señorear», «gobernar». En este contexto, esos verbos jamás tienen la connotación semántica de «hegemonía, tiranía u opresión». Su sentido es el de prestar un servicio en pro de la vida, de la justicia y del orden. De igual modo lo deja entender Génesis 2, ante la aridez y la falta de fertilidad, y ante la ausencia de ayuda y compañía, tanto Dios como el ser humano realizan labores que restauran o producen espacios de vida, fertilidad y una vida comunitaria de ayuda mutua y armonía.

Varios asuntos surgen del mensaje de estos dos primeros capítulos del Génesis. En primer lugar, que Dios es el rey y soberano sobre todo y sobre todos. Esta afirmación ofrece a cada criatura que puebla este nuestro planeta la certeza de que el gobernante principal, Dios, tiene como propósito la vida, el orden y la justicia. Y al crear a sus «compañeros y compañeras» con los que compartiría su «señorío», los invita a actuar en el mismo espíritu de su programa de reinado. Llama la atención que la estructura de Génesis uno, siga una secuencia —manifiesta en los siete días de la semana— en la que se muestran primeramente los «reinados» y después los «reyes» o «señores». Así, cada «señor» cumple su tarea tal como Dios se la encomendó. Los astros y las estrellas «gobiernan» fielmente, día tras día, noche tras noche y estación tras estación sin producir caos alguno ni desorden aniquilador. Las aves del cielo «dominan» el espacio celestial sin contaminar ni producir destrucciones masivas entre ellas y otros seres que pueblan la tierra. Los peces del mar y otros seres marinos se conducen de tal modo que su vida y su actuar mantienen un equilibrio y orden tal que, si no fuera por la intervención escandalosa del ser humano, los mares, ríos y lagos pulularían de una maravillosa variedad de vida. Lo mismo puede decirse de los seres que habitan la tierra seca. Al ser humano también se le da la orden de «dominar» creativa y ordenadamente. Y nosotros, más que ninguna otra criatura, tenemos el privilegio de ser creados a imagen y semejanza de Dios (Gn 1.26-27). Por ello, más que ninguna otra criatura, recibimos la orden de proteger la creación total, velar por su reproducción y permanencia, y luchar contra toda fuerza destructora que atente contra la integridad de los seres vivos vulnerables a ella.

Para lograr eso, varios textos de la Biblia optan por ofrecer un camino en el que el protagonismo no esté en manos de quienes han decidido dominar el mundo desde el poder y la fuerza hegemónica; es decir, a lo «adulto». El Salmo ocho es uno de ellos. Por eso, antes de hablar del «ser humano» (*'enosh*, v.4/5) como representante de Dios aquí en la tierra y de definir su tarea «dominadora», ofrece una clave o pista para entender desde qué ángulo se debe de entender al hombre y a la mujer que se tiene en mente (Sal 8.2-3, TLA):

> *"Con las primeras palabras*
> *de los niños más pequeños,*
> *y con los cantos*
> *de los niños mayores*

> has construido una fortaleza
> por causa de tus enemigos.
> ¡Así has hecho callar
> a tus enemigos que buscan venganza!"

No, no es el «adulto» a quien se tiene en mente como modelo de ser humano; el mejor modelo de imagen de Dios es el bebé (*'olel*), el infante de pecho (*yoneq*). ¡No es el varón adulto, grande y poderoso, quien tiene el liderazgo para afrontar la maldad y vencer al enemigo! ¡Es el niño pequeño! Tanto aquí como en la relectura que hace Jesús de ese versículo en Mateo 21.14-17, el triunfo sobre el mal y el hacer callar al que detenta el poder, al hegemónico, al que en versículos anteriores apoya y comparte los oscuros negocios del templo (Mt 21.12-13), se hace usando a los niños como punto de referencia.

En la misma línea del salmo 8 aparece Isaías 11.3-9 (DHH):

> "Él no juzgará por la sola apariencia,
> ni dará su sentencia fundándose en rumores.
> Juzgará con justicia a los débiles
> y defenderá los derechos de los pobres del país.
> Sus palabras serán como una vara para castigar al violento,
> y con el soplo de su boca hará morir al malvado.
> Siempre irá revestido de justicia y verdad.
> Entonces el lobo y el cordero vivirán en paz,
> el tigre y el cabrito descansarán juntos,
> el becerro y el león crecerán uno al lado del otro,
> y se dejarán guiar por un niño pequeño.
> La vaca y la osa serán amigas,

> *y sus crías descansarán juntas.*
> *El león comerá pasto, como el buey.*
> *El niño podrá jugar en el hoyo de la cobra,*
> *podrá meter la mano en el nido de la víbora.*
> *En todo mi monte santo*
> *no habrá quien haga ningún daño,*
> *porque así como el agua llena el mar,*
> *así el conocimiento del Señor llenará todo el país".*

La creación se describe desde un proyecto donde el liderazgo o gobierno, en la figura del niño, queda marcado por la ausencia de la hegemonía y la desaparición del poder violento para garantizar el orden y la continuidad de toda la vida y del entorno que la asegura y cobija.

Por su parte, el Segundo Isaías (41.17-20; 42.1-9; 43.1-21; 44.1-4, 24; 45.8-13, 18-19; 51.39; 65.17-25), en el contexto del exilio babilónico, anuncia en nombre de Dios, la liberación del pueblo exiliado y oprimido, uniendo el tema de la redención con el de la creación. Para describir el poder liberador de YHVH se apela al concepto de Dios como creador, como Señor de la creación. Al igual que en el caso de Génesis 1-2, el acto de creación incluye una realidad previa definida como caótica, abismal y oscura o seca, estéril e incompleta y sin actores que la revitalicen y la completen. Incluye, también, el acto creador en el que YHVH ordena, separa y produce vida; de manera especial al ser humano a quien le da la tarea de actuar en su nombre para «completar» y mantener en proceso el acto creador.

El profeta se apropia del concepto propuesto por el Génesis para proclamar la futura salvación o liberación del pueblo oprimido. El *tohu vabohu*, es decir, la experiencia del exilio se define como un lugar «desierto, solitario áspero, torcido, caótico, anegado» (Is 40.3-4; 43.16-20; 44.3-4; 45.18-19, este texto cita la palabra hebrea *tohu*; véase también Is 40.17 y 23). El acto creador no es otra cosa que la liberación del exilio descrito con un vocabulario y lenguaje superlativo tomado de los textos que hablan de la creación del universo, como *bará*, que solo tiene a Dios como sujeto, se usa al igual que en Génesis capítulo uno para hablar de la «creación» o «recreación» de Israel. Y esa creación o nueva creación de Israel se presenta como un acto de redención o liberación del pueblo en exilio (Is 43.1-14). Isaías 51.9-10 se refiere al acto redentor como el triunfo del creador sobre los monstruos del caos primigenio («Rajab» y «el dragón»), y como quien secó «el mar y las aguas del gran abismo». YHVH es también «el que crea los cielos y los extiende, el que hace firme la tierra y lo que en ella brota, el que da aliento al pueblo que hay en ella, y espíritu a los que por ella andan. Yo, Yahveh, te he llamado en justicia, te así de la mano, te formé, y te he destinado a ser alianza del pueblo y luz de las gentes, para abrir los ojos ciegos, para sacar del calabozo al preso, de la cárcel a los que viven en tinieblas» (Is 42.5-7, BJ; cf. 44.24; 45.6-8, 12; 48.13; 51.13-15). Finalmente, Isaías habla de la restauración del pueblo exiliado a través de la imagen del florecimiento primaveral de la creación:

> *"Aunque Jerusalén está en ruinas,*
> *yo la consolaré*
> *y la convertiré en un hermoso jardín.*
> *Será como el jardín que planté en Edén.*
> *Entonces Jerusalén celebrará*
> *y cantará canciones de alegría*
> *y de acción de gracias".* (51.3, TLA; cf. 55.13; 41.18-20; 45.8; 55.10-11)

Tal como lo formula William P. Brown: «Para el poeta del exilio, el reino botánico es una ventana al ámbito social y, como corolario, una mirada a lo divino»;[9] la obra redentora de YHVH, en Isaías 40-55, se ve como la práctica de la justicia; es decir, la creación-redención entra al campo de la ética social porque para liberar a su pueblo, YHVH, de acuerdo con la poesía profética, hace uso de las imágenes y metáforas del ámbito de la creación y de la nueva creación, abriendo así el camino para mirar otros textos proféticos que incursionan el campo ecológico desde la ética social.

Eso es lo que hace el profeta Oseas. En una conjugación de textos que relacionan Dios, pueblo y animales, Oseas presenta el tema de una vida *shalómica* en el contexto de la ética, de la indisoluble unión de conducta y estilo de vida humano con su *hábitat*. En Oseas 2.20-25 (DHH) se anuncia:

> *"En aquel tiempo haré en favor de Israel*
> *una alianza con los animales salvajes,*
> *y con las aves y las serpientes;*
> *romperé y quitaré de este país*
> *el arco, la espada y la guerra,*
> *para que mi pueblo descanse tranquilo.*
> *Israel, yo te haré mi esposa para siempre,*
> *mi esposa legítima, conforme a la ley,*
> *porque te amo entrañablemente.*
> *Yo te haré mi esposa y te seré fiel,*
> *y tú entonces me conocerás como el Señor.*
> *Yo, el Señor, lo afirmo:*
> *En aquel tiempo yo responderé al cielo,*

---

9 Brown, William P. *The Seven Pillars of Creation: The Bible, Science, and the Ecology of Wonder*, Oxford University Press, Oxford, 2010, p.209.

> *y el cielo responderá a la tierra;*
> *la tierra responderá al trigo,*
> *al vino y al aceite,*
> *y ellos responderán a Jezreel.*
> *Plantaré a mi pueblo en la tierra*
> *exclusivamente para mí;*
> *tendré compasión de Lo-ruhama,*
> *y a Lo-amí le diré: "Tú eres mi pueblo",*
> *y él me dirá: "¡Tú eres mi Dios!"*

En este texto, el profeta vislumbra una época de verdadero *shalom*, de vida plena para todos. Lo que más llama la atención es que en el versículo 20 la dádiva de esa vida plena para Israel no es otra cosa que el resultado de una alianza o pacto «con los animales salvajes, con las aves y las serpientes». Y que, como resultado de esa alianza, tanto el cielo como la tierra responden donándoles a todos, seres humanos y animales, «*trigo, vino y aceite*» (v. 24; cf. Sal 104.10-23). El *shalom* del que habla Oseas 2.20 no es otra cosa que la desaparición de la violencia y la destrucción. Y el texto finaliza señalando que este es precisamente el requisito para que el Israel bíblico sea el verdadero pueblo de Dios y que YHVH sea el único Dios de Israel.

En otras palabras, la pertenencia mutua entre Dios y el pueblo —la permanencia de la relación de alianza— solo se puede dar cuando cada una de las partes cumple su porción de responsabilidad. Ahora bien, ¿cuál es, al menos en lo que al ser humano respecta, su responsabilidad? Y es precisamente aquí donde encontramos, en la proclamación profética, la indisoluble unidad de la ética social y la integridad del medio ambiente, del sistema ecológico. Oseas 4.1-3 (BJ09) presenta este tema pero por la vía negativa. El texto es por demás elocuente:

> "Escuchad la palabra de Yahveh, hijos de Israel, que tiene pleito Yahveh con los habitantes de esta tierra, pues no hay ya fidelidad ni amor, ni conocimiento de Dios en esta tierra; sino perjurio y mentira, asesinato y robo, adulterio y violencia, sangre que sucede a sangre. Por eso, la tierra está en duelo, y se marchita cuanto en ella habita, con las bestias del campo y las aves del cielo; y hasta los peces del mar desaparecen".

El elemento soteriológico del que nos hablan el capítulo uno y dos del Génesis uno y dos, especialmente a través de los temas de «señorear y gobernar», «regar y poner nombre», se muestra en este texto profético a través del mantener un espacio de armonía entre el ser humano y la naturaleza y en la comunidad humana.

Si *shalom* es lo que señala Oseas 2.20-24 (DHH), destrucción total, incluyendo del ecosistema, es de lo que habla 4.1-3; lo primero que está ausente es *jesed*, es decir, «solidaridad», y junto con ella, «el desconocimiento o falta de reconocimiento de Dios». En ambos casos, la ausencia de la solidaridad y del conocimiento de Dios se manifiesta no en un anuncio de «ateísmo» o de ausencia del culto y de la piedad religiosa, sino de acciones concretas de ética social. Dios no se queja de que lo abandonen, sino de que la gente actúe con maldad, violencia y destrucción contra su prójimo. Pero lo más aterrador que anuncia el profeta es que la maldad contra el prójimo, la destrucción del hombre y de la mujer que debe ser objeto de amor y cuidado, se manifiesta en la destrucción de la naturaleza. La violencia contra el ser humano se manifiesta en violencia contra y destrucción contra la naturaleza. Así lo dice con toda claridad el profeta: «*también con los animales, las aves y los peces del mar*». Oseas nos recuerda que el asunto ecológico está profundamente ligado a la responsabilidad ética del ser humano. A eso apunta el «*por eso*» del versículo tres; por culpa de la maldad del ser humano, «*por eso, la tierra está en duelo y se marchita cuanto en ella habita*». Sin justicia del humano hacia el otro ser humano no hay ecosistema sano; es decir, ¡no se puede hacer realidad la nueva creación!

Para el profeta Oseas, la protección del medio ambiente no se reduce a acciones aisladas en pro del medio ambiente, como sembrar árboles, cuidar las fuentes de agua fresca, evitar comerciar con especies en peligro de extinción, que son encomiables por sí mismas. El punto que se argumenta aquí es exactamente lo que Génesis uno y dos enseñan: la conducta humana hacia cada una de las criaturas de este nuestro hábitat afecta directamente a las otras.

No en balde, el apóstol Pablo dice en Romanos 8.21-23 que tanto la creación entera como los seres humanos anhelan su redención total. No cabe duda de que hoy por hoy destrucción del medio ambiente y violencia contra el ser humano son protagonizadas por las mismas fuerzas malvadas en las que se conjugan gobiernos nacionales y empresas multinacionales ávidas de poder y riqueza. Ante la presencia del mal y de la maldad, la esperanza profética, el sueño de Dios, es el del nuevo mundo y nueva creación tal como lo pinta Isaías 11.1-6. Al protagonista de los versículos tres al cinco lo presenta el versículo seis como «un niño»; la justicia y el derecho y el castigo a los malvados y violentos serán obra de «este niño» que también es convocado como «pastor» de una nueva creación, en la que lobo y cordero, tigre y cabrito, ternero y león jugarán y se alimentarán juntos sin hacerse daño y todo, todo el mundo estará lleno del «*conoci-*

miento de Dios» (v. 9). Esta es, en efecto, la redención total de la que habla Pablo. Esta es, sin duda alguna, la esperanza de quienes somos hijos e hijas de Dios. De allí que seamos llamados a la solidaridad con nuestros prójimos y con las otras creaturas con las que compartimos nuestro hábitat.

Cuando nos movemos hacia el Nuevo Testamento, encontramos que para Lucas y Mateo el evangelio de salvación empieza con Dios niño. ¡Qué cosa maravillosa! El hecho de que el Dios eterno, todopoderoso, Señor del universo, decidiera irrumpir en la historia humana como niño se convierte en declaración teológica de cómo definir, de principio a fin, el proyecto salvador de Dios y al ser humano que vislumbra. Porque Dios decide hacerse humano y presentarse ante nosotros como niño y presenta ante nuestros ojos al proyecto de Dios o reino mesiánico desde una perspectiva infantil. Estos dos elementos, al principio y al final de la encarnación, deben considerarse seriamente al definir y entender a Jesús y su actividad aquí en la tierra y de su proclamación del reino «por venir» que ya con él «*se ha acercado*» (Mc 1.14).

A los varones adultos que acompañaron a Jesús les costó entender el proyecto de Dios de crear una humanidad cuyos rasgos más importantes se los imprimiera la metáfora niño. Por eso, en varios momentos y de distintas maneras Jesús tuvo que recordárselos: «*Te alabo, Padre, Señor del cielo y de la tierra, porque escondiste estas cosas de los sabios y de los entendidos, y las revelaste a los niños*» (Mt 11.25, RV60); «*Dejad a los niños venir a mí, y no se lo impidáis; porque de los tales es el reino de Dios. De cierto os digo, que el que no reciba el reino de Dios como un niño, no entrará en él*» (Mc 10.14-15, RV60).

La metáfora del niño, aplicada a los conceptos de creación, nueva creación, encarnación y salvación, todos, temas relacionados con el concepto del Reino de Dios, nos lleva a una deconstrucción del «adulto hegemónico», y a la vez nos ayuda a crear espacios hermenéuticos para incorporar otros tipos de humanidades que de manera consuetudinaria son excluidos del concepto de imagen de Dios dictado por una hermenéutica y teología del *statu quo*.

Bibliografía

Alves, Rubem, *La teología como juego*, Ediciones La Aurora, Buenos Aires, 1982:

Boff, Leonardo, "El magisterio del universo: Un nuevo orden ecológico mundial", Artículos sobre ecología, *Revista Alter Natura*.

Brown, William P. *The Seven Pillars of Creation: The Bible, Science, and the Ecology of Wonder*, Oxford University Press, Oxford, 2010.

Brueggemann, Walter, *Finally Comes the Poet: Daring Speech for Proclamation*, Fortress Press, Minneapolis, 1989.

Interpretation and Obedience: From Faithful Reading to Faithful Living, Augsburg Fortress Press, Minneapolis, 1991.

Clifford, Richard J., "The Hebrew Scriptures and the Theology of Creation", *Theological Studies*, vol. 46: 507-523, 1985.

Cox, Harvey, *No lo dejéis a la serpiente*, traducción de José Luis Lana, Ediciones Península, Barcelona, 1969.

Cervantes-Ortiz, Leopoldo, *Ecos del futuro: 10 asedios poético-teológicos a* Rubem Alves, Casa Unida de Publicaciones S.A. de C.V, 2018.

Galeano, Eduardo, *Patas arriba: La escuela del mundo al revés*, Sombraysen Editores, Chile, 2009.

Domínguez-Chavira, Claudia Teresa, *La lúdica: Una estrategia pedagógica despreciada*, Universidad Autónoma de Ciudad Juárez, 2015. www.uacj.mx/DGDCDC/SP/Paginas/default.aspx

Duvignaud, Jean, *El juego del juego*, traducción de Jorge Ferrero Santana, Fondo de Cultura Económica, México, 1982.

Pronzato, Alessandro, *Evangelios molestos*, traducción de J. Sánchez y A. Ortiz, Ediciones Sígueme, Salamanca, 1969.

Sheehan, Georg, *Por qué y cómo correr*, traducción de Andrés Linare, EDAF, Madrid 1984.

Vanhoozer, Kevin J., «The Joy of Yes: Ricoeur, Philosopherof Hope», *The Christian Century*, August 23, 2005.

Von Rad, Gerhard, «El problema teológico de la fe en la creación en el Antiguo Testamento». *Estudios Sobre el Antiguo Testamento*, Ediciones Cristiandad, Salamanca, 1976.

PARTE 3

Caminar con la niñez: propuestas pastorales

NIÑEZ Y JUVENTUD
PARA UN FUTURO MEJOR

¡Un mundo no apto para «adultos»!

Durante sus años infantiles, mi hija me decía, cuando quería definir la profundidad y dimensión de su amor hacia a mí: «¡*Papi, te amo hasta el cielo!*». Es decir, usaba una hipérbole, figura literaria cuya función es la de exagerar el argumento, para darle mayor fuerza retórica a la afirmación dada. De las figuras de dicción presentes en la Biblia, la hipérbole es una de las más comunes; lo que confirma la intención didáctica y kerigmática de su contenido. Sería bueno, en nuestro trabajo interpretativo del texto sagrado, hacer un análisis estadístico de palabras que indican totalidad, abundancia, plenitud para corroborar dicha propuesta. Como ejemplo cito dos textos del Nuevo Testamento para demostrar lo que afirmo.

Pablo, en la carta a los Filipenses, para aseverar que la búsqueda de la unidad en la iglesia es el tema central, cita de manera constante el adverbio «todo» en sus diferentes formas (37 veces), además de otras palabras que se refieren a lo mismo:

Capítulo uno

> «¹*Pablo y Timoteo, siervos de Jesucristo, a* **todos** *los santos en Cristo Jesús que están en Filipos, con los obispos y diáconos (...)* ³*Doy gracias a mi*

> Dios siempre que me acuerdo de vosotros, ⁴siempre en **todas** mis oraciones rogando con gozo por **todos** vosotros (…) ⁷como me es justo sentir esto de **todos** vosotros, por cuanto os tengo en el corazón; y en mis prisiones, y en la defensa y confirmación del evangelio, **todos** vosotros sois participantes conmigo de la gracia. ⁸Porque Dios me es testigo de cómo os amo a **todos** vosotros con el entrañable amor de Jesucristo (…) ¹³ de tal manera que mis prisiones se han hecho patentes en Cristo en **todo** el pretorio, y a **todos** los demás (…) ²⁵Y confiado en esto, sé que quedaré, que aún permaneceré con **todos** vosotros, para vuestro provecho y gozo de la fe".

Capítulo cuatro

> ²¹Saludad a **todos** los santos en Cristo Jesús. Los hermanos que están conmigo os saludan. ²²**Todos** los santos os saludan, y especialmente los de la casa de César

En Lucas 19.1-10, Zaqueo, después de descubrir la gracia redentora de Jesucristo, sin que nada ni nadie mediara en su decisión, se levanta de manera espontánea y afirma:

> "⁸…He aquí, Señor, **la mitad de mis bienes doy a los pobres; y si en algo he defraudado a alguno, se lo devuelvo cuadruplicado**. ⁹Jesús le dijo: Hoy ha venido la salvación a esta casa; por cuanto él también es hijo de Abraham. ¹⁰Porque el Hijo del Hombre vino a buscar y a salvar lo que se había perdido".

Hay, en los asuntos del reino de Dios, un permiso especial o una actitud esencial en la que los autores bíblicos y sus personajes apelan a la hipérbole para afirmar el compromiso de Dios y de sus hijos e hijas, para que estos y estas respondan con la misma intensidad y dimensión con la que Dios los ama y bendice. Se usa también para balancear y restringir o aminorar el exagerado protagonismo y poder de los poderosos, los gobernantes, los acaudalados y todo aquel que de mayor o menor grado detenta el poder deshumanizante y opresor. Esto incluye instancias de machismo, patriarcalismo, racismo y etnocentrismo.

*

El centro de todo y su definición

Considero, acompañado obviamente por la larga tradición judeocristiana, que el meollo o centro de la fe bíblica es el *Shemá* (Dt 6.4-9), con sus respectivas citas tanto en el Antiguo como en el Nuevo Testamentos (Mc 12.28-34 y paralelos):

> "⁴¡Escucha, pueblo de Israel! Nuestro único *Dios es el Dios de Israel.* ⁵*Ama a tu Dios con* **todo** *lo que piensas, con* **todo** *lo que eres y con* **todo** *lo que vales.* ⁶*Apréndete de memoria* **todas** *las enseñanzas que hoy te he dado,* ⁷*y repítelas a tus hijos a* **todas horas y en todo lugar***: cuando estés en tu casa o en el camino, y cuando te levantes o cuando te acuestes.* ⁸*Escríbelas en tiras de cuero y átalas a tu brazo, y cuélgalas en tu frente.* ⁹*Escríbelas en la puerta de tu casa y en los portones de tu ciudad".* (TLA)

De acuerdo con este texto, no hay manera de serle totalmente fiel a Dios si no se entra en el contexto de esa «hiperbolidad» del mensaje bíblico, a la que me he referido en la introducción de este ensayo. Y, ¡gracias a Dios por esa santa exageración a la que nos permite llegar la literatura y sus leyes y reglas! Deuteronomio 6.4-9 ofrece el marco de enseñanza, relación y vida que cada miembro de la familia de Dios, del pacto o alianza, debe de obedecer y de sumergirse para poder vivir una vida protegida, por un lado, y de obligación por los demás, por el otro lado. Todo ello solo es posible cuando media el amor de Dios, hacia y desde nosotros.

La singularidad de Dios («único Dios» y «único Señor») y el amor total e indivisible a Dios («*Ama a tu Dios con todo lo que piensas, con todo lo que eres y con todo lo que vales*») sirven como malla o red protectora para nuestro vivir cotidiano y nuestras relaciones personales, tanto a nivel familiar, comunidad de fe y sociedad *at large*. He llegado a la conclusión de que nuestra vida, para vivirla en toda su plenitud, debe de estar saturada del amor de Dios, de tal modo que todo nuestro vivir y nuestro relacionarnos con el otro y la otra se dé a través de ese tamiz o filtro del amor de Dios. Mis diálogos, relaciones, acciones y conducta con los demás, solo podrán ser positivos y beneficiosos siempre y cuando Dios y su amor medien entre la otra persona y yo. De este modo, mi cariño, mi amor, mi respeto, pero también mi reproche, enojo o disciplina, solo podrá tener un resultado fructífero y positivo si entre la otra persona y yo media el Señor. En su libro, *Vida en comunidad*, Dietrich Bonhoeffer dice:[1]

> "Entre mi prójimo y yo está Cristo. Por eso no me está permitido desear una comunidad directa con mi prójimo. Únicamente Cristo puede ayudarle, como únicamente Cristo ha podido ayudarme a mí.

---

[1] Bonhoeffer, Dietrich, *Vida en comunid*ad, Ediciones Sígueme, Salamanca, 2003, pp. 27-28.

Esto significa que debo renunciar a mis intentos apasionados de manipular, forzar o dominar a mi prójimo. Mi prójimo quiere ser amado tal y como es, independientemente de mí, es decir, como aquel por quien Cristo se hizo hombre, murió y resucitó; a quien Cristo perdonó y destinó a la vida eterna. En vista de que, antes de toda intervención por mi parte, Cristo ha actuado decisivamente en él, debo dejar libre a mi prójimo para el Señor, a quien pertenece, y cuya voluntad es que yo lo reconozca así. Esto es lo que queremos decir cuando afirmamos que no podemos encontrar al prójimo sino a través de Cristo. El amor psíquico crea su propia imagen del prójimo, de lo que es y de lo que debe ser; quiere manipular su vida. El amor espiritual, en cambio, parte de Cristo para conocer la verdadera imagen del hombre; la imagen que Cristo ha acuñado y quiere acuñar con su sello. El amor psíquico vive del deseo turbador incontrolado e incontrolable; el amor espiritual vive en la claridad del servicio que le asigna la verdad. El uno esclaviza, encadena y paraliza al hombre; el otro le hace libre bajo la autoridad de la palabra. El uno cultiva flores de invernadero; el otro produce frutos saludables que crecen, por voluntad de Dios, en libertad bajo el cielo, expuestos a la lluvia, al sol y al viento".

En un estilo de vida mediado por el amor del Señor, los antivalores del sistema en el que vivimos, el del *statu quo*, no tienen cabida. Todo el libro de Deuteronomio, el Decálogo, un buen número de profetas, la enseñanza de Cristo y los escritos de Pablo son muy claros en eso. Pongo algunos ejemplos:

Deuteronomio 10.12-20 (TLA)

"[12]¿Qué espera Dios de ustedes? Simplemente que lo respeten y obedezcan, y que lo amen y adoren *con todo su ser. ¹³Dios espera que ustedes obedezcan todos sus mandamientos, para que les vaya bien… ¹⁶Pero no sean tercos, ni se olviden jamás del pacto que tienen con Dios. ¹⁷Él es el Dios soberano de todos los dioses, de todos los reyes y de todas las naciones. Su poder hace temblar a todo el mundo. Cuando él toma una decisión, lo hace con justicia y nadie lo puede sobornar. ¹⁸Dios es justo con los huérfanos y las viudas, y muestra su amor dándoles ropa y comida a los refugiados que viven entre ustedes. ¹⁹Así que muestren amor a los refugiados, porque también ustedes fueron refugiados en Egipto. ²⁰Obedezcan a Dios y adórenlo sólo a él. No adoren a otros dioses. Si tienen que jurar, háganlo en nombre de nuestro Dios".*

Oseas 4.1.3 (DHH)

*"¹Israelitas, escuchen
lo que dice el Señor.
Él ha entablado un pleito
contra los que viven en este país,
porque aquí ya no hay lealtad entre la gente,
ni fidelidad ni conocimiento de Dios.
²Abundan en cambio el juramento falso y la mentira,
el asesinato y el robo,
el adulterio y la violencia,
y se comete homicidio tras homicidio.
³Por eso, el país está de luto;
se quedan sin fuerzas los que viven en él;
y con los animales salvajes y las aves
mueren también los peces del mar.*

Oseas 6.4-11 (DHH)

"⁴Dice el Señor:
¿Qué haré contigo, Efraín?
¿Qué haré contigo, Judá?
El amor que ustedes me tienen
es como la niebla de la mañana,
como el rocío de madrugada, que temprano desaparece.
⁵Por eso los he despedazado mediante los profetas;
por medio de mi mensaje los he matado.
Mi justicia brota como la luz.
⁶Lo que quiero de ustedes es que me amen,
y no que me hagan sacrificios;
que me reconozcan como Dios,
y no que me ofrezcan holocaustos.
⁷Pero mi pueblo, lo mismo que Adán,
ha faltado a mi alianza y me ha sido infiel.
⁸Galaad es una ciudad de malhechores,
toda llena de huellas de sangre.
⁹Los sacerdotes son una pandilla de ladrones
puestos al acecho de la gente;
asesinan y cometen infamias
en el camino de Siquem.
¹⁰En Israel he visto cosas horribles:
Efraín se ha prostituido,
Israel se ha contaminado.
¹¹Y aun para ti, Judá,
ya he señalado el día de tu castigo".

Amós 5.21-24 (TLA)

"²¡Yo aborrezco sus fiestas religiosas!
¡No soporto sus cultos de adoración

> ²²Ustedes se acercan a mí
> trayendo toda clase de ofrendas,
> pero yo no quiero ni mirarlas.
> ²³¡Vayan a cantar a otra parte!
> ¡No quiero oír esa música de arpa!
> ²⁴Mejor traten con justicia a los demás
> y sean justos como yo lo soy.
> ¡Que abunden sus buenas acciones
> como abundan las aguas
> de un río caudaloso!"

Gálatas 5.19-26 (DHH)

"¹⁹Es fácil ver lo que hacen quienes siguen los malos os: cometen inmoralidades sexuales, hacen cosas impuras y viciosas, ²⁰adoran ídolos y practican la brujería. Mantienen odios, discordias y celos. Se enojan fácilmente, causan rivalidades, divisiones y partidismos. ²¹Son envidiosos, borrachos, glotones y otras cosas parecidas. Les advierto a ustedes, como ya antes lo he hecho, que los que así se portan no tendrán parte en el reino de Dios. ²²En cambio, lo que el Espíritu produces es amor, alegría, paz, paciencia, amabilidad, bondad, fidelidad, ²³humildad y dominio propio. Contra tales cosas no hay ley. ²⁴Y los que son de Cristo Jesús, ya han crucificado la naturaleza del hombre pecador junto con sus pasiones y malos deseos. ²⁵Si ahora vivimos por el Espíritu, dejemos también que el Espíritu nos guíe. ²⁶No seamos orgullosos, ni sembremos rivalidades y envidias entre nosotros".

★

El marco de vida de los valores del reino de Dios

Además de la lealtad total al Señor y la inundación de nuestras vidas dentro del gran océano del amor de Dios (Dt 6.4-5), la certeza de una vida ajena de los valores del *statu quo*, de nuestro sistema neoliberal y mercantilista, globalizado y homogeneizador, se da cuando los niños, como ciudadanos del reino, son el modelo de vida de ese reino (Mc 10.13-16; Mt 18.1-5).

En el desarrollo de una teología bíblica desde la metáfora del niño y de la niña, el mundo del «adulto» no tiene cabida. En el actuar del Dios de la historia bíblica, el mundo «a lo adulto» es el responsable de la situación caótica de la sociedad y de nuestro hábitat. Las instituciones humanas (políticas, religiosas, económicas, sociales) a lo «adulto» son todas, en su mayor parte, un fracaso total. Esa quizá sea la razón por la cual los dos primeros capítulos del Génesis —en un espíritu sardónico y cuasi humorístico— señalen que el ser humano creado, en primera instancia, haya sido, de entrada, adulto. No es sino en la poesía del salmo 8 y en la de Isaías 11.1-9 donde se da un cambio rotundo de la imagen adulta a la infantil. El salmo 8.2 indica que el ser humano que modelaría un tipo de gobierno instituido en la justicia y ausente de violencia contra el indefenso es precisamente un vulnerable e indefenso infante: «Las alabanzas de los niños de pecho son tu mejor defensa contra tus enemigos; ellas silencian a tus vengativos adversarios» (RVC). Y el profeta Isaías (11.1-9, citado en un capítulo anterior) lo constata en su descripción poética del reino futuro de Dios.

Como se ha señalado en este y otros capítulos de este libro, existe una cualidad esencial en la niñez que no le pertenece al adulto y es la de **poder entender mejor a Dios**, lo que hace de

Dios un «niño», una «niña». En otras palabras, el «gobernante» del reino de Dios es niño, es joven. Cada vez que gobierna se reinventa e inventa; elementos necesarios para «nunca llegar a ser adulto» porque «*un niño los pastoreará... No harán mal ni dañarán... porque la tierra será llena del conocimiento de Jehová*» (Is 11.6b, 9).

Derrotar al violento, al vengativo, al que vive buscando su propio bien a costa del otro, de la otra, es una tarea infantil (Sal 8.2; Is 11.4). No cabe duda de que el poder infantil causa terror, causa miedo, pero no al «niño», no a la «niña», sino al «adulto». Esa es la única manera de entender la abrupta e irracional respuesta de Herodes ante el anuncio de los sabios de Oriente:

> "³*Cuando el rey Herodes oyó eso, se perturbó profundamente igual que todos en Jerusalén...* ¹³*Después de que los sabios se fueron, un ángel del Señor se le apareció a José en un sueño. «¡Levántate! Huye a Egipto con el niño y su madre... Quédate allí hasta que yo te diga que regreses, porque Herodes buscará al niño para matarlo».* ¹⁴*Esa noche José salió para Egipto con el niño y con María, su madre...*¹⁶*Cuando Herodes se dio cuenta de que los sabios se habían burlado de él, se puso furioso... Envió soldados para matar a todos los niños que vivieran en Belén y en sus alrededores y que tuvieran dos años o menos".* (Mt 2.3, 13-16, NTV).

El Dios de la Biblia, frente a estos y otros exabruptos y respuestas de excesiva violencia, hace frente común con los niños, con los desprotegidos y vulnerables. Y eso se manifiesta, en los Evangelios, de manera clara en los usos antónimos de la palabra griega *skandalon* («tropiezo», «lo que hace caer en pecado). Un recuento de todas las veces que aparecen el sustantivo y el verbo en el Nuevo Testamento revela dos cosas importantes: 1) Los adultos **pueden ser tropiezo** para los niños; 2) Jesús **nunca es tropiezo** para los niños pero sí para los adultos. Es decir, los adultos pueden ser obstáculo y hallar obstáculo en el camino de la fe y la vida cristiana. Pero los niños tienen acceso libre a Dios en Cristo. En este contexto, llaman poderosamente la atención las reflexiones de Juan Arias:[2] "La iglesia será el verdadero rostro de Dios cuando, como Cristo, escandalice a todos, menos a los niños".

Y Cristo fue un escándalo para *todos,* para los judíos por presentarse como Dios (Jn 10,29); para los fariseos (Mt 15,10) que lo llaman «endemoniado»; para los doctores de la ley, por su libertad de espíritu y su misericordia; para los apóstoles por sus exigencias (se escandalizan de la eucaristía, de su muerte, de su trato con las pecadoras); para los poderosos: Caifás le llamará «blasfemo»; para sus parientes que no creen en sus milagros; para sus amigos: para Marta y María porque dejó morir a su hermano Lázaro; para su misma madre: «*¿Por qué nos has hecho esto?*», le recrimina cuando se perdió en el templo; para el «Pueblo» que, envenenado, acabará gritando: «crucifícale». Jamás un niño se escandalizó de Cristo. Él les defendió: «*Porque han creído en mí*». Por eso el niño será siempre la imagen más clara y más evangélica de Dios. Los niños aceptaron a Cristo sin discutirle. Se dejaron atraer por él sin deseo de acapárselo. El niño toca vitalmente el límite de la libertad en el abandono, en el amor. Para el niño es normal que su padre haga milagros, que sea el más poderoso, el mejor. Le parece normal ser corregido, enseñado; jamás podrá soñar que su padre se equivoque, aunque diga cosas

---

[2] Arias, Juan, *El Dios en quien no creo*, Ediciones Sígueme, Salamanca, 1970, pp. 21-23. El énfasis es mío.

que le resultan misteriosas. Hará preguntas, pero acabará creyendo.

*

El niño siente vitalmente que el amor es el centro de las cosas

Por eso es capaz de hablar con las piedras de la calle, con el agua de la fuente y con el barro de la cuneta. Jugará lo mismo con el hijo del barrendero que con el hijo del ministro, con el inocente que con la prostituta. Ellos dominan la materia y hacen caer al hombre de rodillas a sus pies. Solo ante Dios y ante un niño es capaz de arrodillarse un hombre.

De acuerdo con Jesús, los niños tienen un patrimonio que los hace poseedores legítimos del reino de Dios y tienen un «conocimiento» que los coloca como modelo para los adultos (Marcos 10.15; Mateo 18.2-5; 21.15-16). Por ello, la enseñanza central de la Biblia, el *Shemá*, debe de colmar la vida del niño y de la niña, y de toda la familia, por supuesto. Bien podrían aprender los adultos —papá, mamá, pastor de la iglesia, maestros y maestras de catequesis y escuela dominical— que deben de entrenar a los menores bajo su cuidado a vivir inmersos en la Palabra, resumida en Deuteronomio 6.4-5. Esos dos versículos forman la base de una familia, de una comunidad y de una sociedad basada en el amor total a Dios y a los demás, cuyos principalísimos protagonistas son los niños, los jóvenes.

*

A manera de conclusión

Quizá, este sea el momento de revertir toda la pastoral de la iglesia. Y «El encuentro de Juventudes» que se celebró en Lima, Perú, los días 8 y 9 de julio de 2017, puede servir como catapulta para lograr ese sueño. Recordémoslo, Dios quiere jugarse el destino de su ser (más bien, «de su estar con los que lo necesitan») teniendo a los «niños» y «niñas» como sus colaboradores. No hay vuelta de página, los «adultos» han demostrado su desinterés e incapacidad para las cosas del reino de Dios. El turno es de quienes se juegan el todo por el todo, a la manera de Dios, siendo y haciéndose como los pequeños. Solo así se podrá vivir en el ambiente del amor de Dios, ¡el centro de todo!

Y UN NIÑO LOS PASTOREARÁ

Educación cristiana desde el niño

Una y otra vez, al hablar o escribir sobre el ministerio de las Sociedades Bíblicas Unidas, se cita el lema que nos ha acompañado y acompaña en nuestro caminar desde nuestros orígenes como institución: «La Palabra de Dios en el lenguaje que la gente pueda entender y al precio que pueda pagar». Y esto es verdad. Cada vez que se forma un equipo de traducción y se avoca a la tarea de definir sus propósitos y características, se define el tipo de audiencia que va a recibir el producto final. Así se habla de traducciones de alto nivel literario, traducciones para uso litúrgico, traducciones para una audiencia de preparación media, traducciones populares, traducciones para nuevos lectores, traducciones para niños y traducciones en lenguas indígenas. La definición del tipo de traducción, de acuerdo con la audiencia, no solo comprende el nivel del lenguaje, sino también todos aquellos elementos indispensables para que el lema sea cumplido a cabalidad. En el caso de una traducción dirigida a los niños, esos elementos indispensables son el formato (incluyendo los espacios blancos), el tamaño de la letra, la selección de lecturas, las ilustraciones, las ayudas al lector, a las que llamamos «ayudas pedagógicas»).

Mis varios años de experiencia en la coordinación, asesoramiento y elaboración de materiales para niños me ha llevado a reconocer que, cuando hablamos de escrituras para niños, no debemos de restringir nuestro esfuerzo en la preparación del texto *per se*. El texto bíblico, por sus características peculiares, necesita ser trabajado exegéticamente para que refleje su sentido o significado de manera más entendible para un niño de nueve años. Por ello, sin entrar en complejas discusiones de carácter teórico o filosófico, hemos decidido llamar a la *Traducción en Lenguaje Actual* (originalmente llamada *Biblia en Lenguaje Sencillo*) una traducción exegética.[1] Esto implica, también, el tener que acompañar el texto bíblico con ilustraciones y ayudas pedagógicas para hacer más comprensible el significado de la Escritura. En este sentido, la preparación de Escrituras para niños, al igual que para ciertos públicos especiales, lleva a las SBU a penetrar en el campo de lo que se ha conocido como Educación Cristiana o catequesis. Cuando hablamos de Escrituras para niños, es imprescindible presentar un paquete más completo de tal modo que el mensaje de las Escrituras les llegue a los niños de la manera más integral. No concibo un producto para lectores infantiles que no incluya los elementos esenciales de la literatura infantil como el nivel de lenguaje, ilustraciones, tamaño de letra, espacios en blanco, información colateral y ejercicios pedagógicos.

Si estamos de acuerdo con lo anterior, coincidiremos que hay algo en lo que no sucede tal cosa. Cada vez que reviso materiales dirigidos para niños me doy cuenta de que la mayoría de esos materiales han sido preparados **desde la perspectiva del adulto**. La educación cristiana infantil tradicional ha sido producida desde una filosofía de la educación que siempre considera al niño como receptor de enseñanza y, al adulto, como el sujeto de esta.

---

1 Esto significa que, en los casos que sea necesario, el texto del idioma receptor reflejará el sentido obtenido por la excavación del sentido profundo del texto, sobre la base de la exégesis.

Eso podría explicar por qué hasta ahora no se haya sentido, en la mayoría de las iglesias y denominaciones, la necesidad por tener el texto bíblico traducido pensando en los niños, ni que se hubiere articulado la definición de una educación cristiana que tenga al niño como sujeto de educación, no solo para sí mismo, sino hasta para el adulto.

La tesis de este ensayo es que, si bien la Biblia considera al adulto como responsable y sujeto de la educación de la familia en la fe, la Biblia también presenta principios teológicos para esbozar una filosofía de la educación y del quehacer teológico que ubique al niño como sujeto de las mismas.

En ambos testamentos, la Biblia nos permite hablar de un Dios niño, de un reino mesiánico infantil, de un mundo construido desde la perspectiva infantil y, con ello, de una vida auténticamente humana, hecha posible solo cuando dejamos de ser adultos y nos hacemos como niños. Por consiguiente, debería subtitular este trabajo de la siguiente manera: ***Un material no apto para adultos*** y debería colocarle una etiqueta con la advertencia "***No se deje al alcance de los adultos.***"

*

Dios niño

El Dios de la Biblia es amante de lo nuevo y de las sorpresas. Esta característica lo demuestra, especialmente, en momentos cuando parece que la humanidad se olvida de esa cualidad y se hace más seria y más adulta; cuando está en peligro de caer en el cinismo, la desesperanza y la destrucción. Cuando la humanidad cree que puede resolver sus errores o reconstruir al mundo con sus propios medios de gente adulta, seria, calculadora, tecnificada y científica —tal como las circunstancias y situaciones que dieron pie al «llamamiento» divino de niños reales, como Samuel (1Sam 21-28; 2.11-26) y David (1 Sam 16.6-13; 17.1-58), como de «niños y niñas» metafóricas como es el caso del pueblo hebreo en la época de Josué (Jos 2 y 6; cf cap. 9), así como los «sueños» esperanzadores de Dios en Isaías 9.1-6; 11.1-9; 65.17-25; Marcos 10.14-15; Mt 11.25; 18.1-6.[2] En ese momento aparece Dios y le da una lección de lo novedoso, lo sorpresivo y lo infantil. Es en verdad sorprendente que lo niño de Dios se muestre en todo su esplendor y magnificencia en el **hecho de Cristo**. El evento mismo que desenmascara el error humano más grave y que a la vez demuestra lo profundamente incapaz que es el ser humano de superarlo. Ambos testamentos se refieren al evento encarnacional y salvífico presentando un cuadro verdaderamente infantil:

> "La joven está encinta
> y va a tener un hijo,
> al que pondrá por nombre Emanuel". (Is 7.14, DHH)

---

[2] Todos ellos considerados y desarrollados en un par de capítulos de este libro.

> *"Porque nos ha nacido un niño,*
> *Dios nos ha dado un hijo,*
> *al cual se le ha concedido el poder de gobernar.*
> *Y le darán estos nombres:*
> *Admirable en sus planes, Dios invencible,*
> *Padre eterno, Príncipe de paz.*
> *Se sentará en el trono de David;*
> *extenderá su poder real a todas partes,*
> *y la paz no se acabará;*
> *su reinado quedará bien establecido,*
> *y sus bases serán la justicia y el derecho*
> *desde ahora y para siempre.*
> *Esto lo hará el ardiente amor del Señor todopoderoso".*
> (Is 9.6-7, DHH; *véase* Is 11.6-9).

Estos textos de Isaías describen la realidad encarnacional y mesiánica de un mundo visto con ojos infantiles. Ese mirar al mundo de una manera subversiva que no se contenta con aceptar que la vida en este planeta sea definida por las guerras, la violencia, la exterminación del ecosistema, la injusticia y la opresión. Es el mundo de la armonía, la paz, la igualdad y la libertad total. Su líder es un niño y la visión que gobierna es la infantil. Cuando Dios definió la era mesiánica, la vislumbró como nos la pinta el profeta Isaías y la empezó a hacer realidad con la encarnación, con Emanuel, Dios-con-nosotros. El proyecto salvífico del Nuevo Testamento, donde se plantea la acción salvadora de Dios en favor de la humanidad y del mundo, inicia con la declaración plasmada por el profeta Isaías: *¡Un niño nos es nacido!* El anuncio del mensajero celestial en Lucas se expresa así:

> "No tengan miedo, porque les traigo una buena noticia, que será motivo de gran alegría para todos: Hoy les ha nacido en el pueblo de David un salvador, que es el Mesías, el Señor. Como señal, encontrarán ustedes al niño envuelto en pañales y acostado en un establo". (Lc 2.10-12, DHH)

¡Qué paradoja! El Mesías, salvador del mundo, está presente con nosotros en la persona de un niño envuelto en pañales y acostado en un pesebre. Para Lucas y Mateo, el evangelio de salvación empieza con Dios niño. ¡Qué cosa más tremenda! El hecho de que el Dios eterno, todopoderoso, Señor del universo, decidiera irrumpir en la historia humana como niño se convierte en declaración teológica de cómo definir, de principio a fin, el proyecto salvador de Dios. Porque Dios decide hacerse humano y presentarse ante nosotros como niño, y presenta ante nuestros ojos al reino mesiánico desde una perspectiva infantil. Estos dos elementos, al principio y al final de la encarnación, deben considerarse seriamente al definir y entender cada componente del Hecho de Cristo. El ministerio, la pasión, la resurrección y la venida gloriosa de Cristo no pueden apropiarse cabalmente si no se miran desde los ojos del niño que abre y que cierra el drama redentor en el que Cristo es protagonista. En relación con esto, no dejan de tener un peso enorme las palabras de Jesús: «*Te alabo, Padre, Señor del cielo y de la tierra, porque escondiste estas cosas de los sabios y de los entendidos, y las revelaste a los niños*» (Mt 11.25, RVR-60). Al invitarnos a formar parte del hecho portentoso de la salvación, Dios nos invita a participar en su juego. La encarnación, los milagros, la cruz, la tumba vacía y el retorno glorioso de Jesucristo pierden su dimensión real si no se miran desde la perspectiva en la que quieren ser miradas, la del niño.

*

Ser niño

Por ello, cuando Jesús dijo: *"Dejad a los niños venir a mí, y no se lo impidáis; porque de los tales es el reino de Dios. De cierto os digo, que el que no reciba el reino de Dios como un niño, no entrará en él"* (Mc 10.14-15, RVR-60); se refería en realidad al hecho de que solo quienes entran al juego de Dios y juegan de acuerdo con sus reglas podrán gozar de ese reino tan bellamente descrito en la profecía de Isaías. El mundo de los niños es, sobre todo, el mundo del juego; es el espacio donde tienen cabida la creatividad, la expectativa y la libertad. Al tomar en serio el juego del niño, se toma muy en serio la tarea de transformar la sociedad. Juntos, ambos proveen una dinámica creadora en la que Dios, el niño eterno, nos convida a jugar con él para el beneficio del desvalido y vulnerable.

En la fiesta de la cruz, los celebrantes llegan desprovistos de posesiones, privilegios y poderes. Es la fiesta de los niños y de los pobres; es la fiesta a la que muchos han sido invitados, pero pocos han decidido dejarlo todo y así entrar al juego de Dios y de Jesús. En esa fiesta encontramos como participantes a tantos héroes de la fe; entre ellos tenemos a la burra de Balaam (Nm 22.21-33), a Naamán (2 R 5); y a Zaqueo (Lc 19.1-10).[3]

Exégesis en perspectiva infantil

Cuando leemos la Biblia reconociendo el valor de la perspectiva infantil, descubrimos lo profundo y radical del mensaje bíblico. Así, podemos constatar que, si s le proveen las

---

3 Para un desarrollo de estos textos, véase el capítulo titulado "Entrada al reinado de niño-Desarrollo de una exégesis desde la perspectiva infantil".

herramientas adecuadas, un niño de nueve años puede ser un excelente exegeta. Veamos lo que nos ofrece la historia de Naamán con las herramientas propias de una perspectiva infantil:

1. Se presenta la traducción del texto bíblico teniendo en mente al lector infantil:

¹Naamán era general del ejército de un país llamado Siria. El rey lo quería mucho, porque por medio de él, Dios había dado la victoria al ejército de Siria. Naamán era un soldado muy valiente, pero sufría de una grave enfermedad de la piel.

²En una ocasión, los soldados sirios entraron en el país de Israel. Allí capturaron a una niña pequeña que llegó a ser sirvienta de la esposa de Naamán. ³Un día la niña le dijo a su ama:

Qué bueno sería si mi amo pudiera visitar al profeta que vive en mi país, en la ciudad de Samaria. Estoy segura de que él puede curar a mi amo. ⁴Naamán se enteró de lo que dijo la niña. Entonces fue y se lo contó al rey. ⁵El rey de Siria le dijo a Naamán:

Ve de inmediato a Samaria. Voy a darte una carta para que se la entregues al rey de Israel.

Naamán salió rumbo a Israel. Llevó para el viaje treinta mil monedas de plata, seis mil monedas de oro y diez trajes nuevos de tela muy fina. ⁶Cuando llegó a Samaria, entregó la carta al rey de Israel. La carta decía así: +Por medio de esta carta, te presento a Naamán, general de mis ejércitos. Él sufre de una grave enfermedad de la piel y quiero que lo cures.

⁷Cuando el rey de Israel leyó la carta, le dio mucho miedo. Por eso rompió su ropa y gritó:

¿Qué se imagina el rey de Siria? ¿Acaso cree que soy Dios y puedo darle la vida o quitarle la vida a una persona? ¿Cómo se le ocurre creer que yo puedo curar a este hombre? Estoy seguro de que el rey de Siria solo quiere buscar pelea.

⁸*Eliseo, el profeta de Dios supo lo que había pasado. Por eso, envió de inmediato a decirle al rey: ¿Por qué rompiste tu ropa y tienes tanto miedo? Envíame a ese hombre enfermo. Ya verá que sí existe profeta en Israel.*

⁹*Naamán se fue a la casa de Eliseo. Llevaba todos sus caballos y sus carruajes. Allí se detuvo a la entrada.* ¹⁰*Eliseo mandó a un mensajero con el siguiente recado: "Ve al río Jordán y báñate siete veces. Vas a quedar totalmente sano".*

¹¹*Naamán se enojó muchísimo, se fue de allí refunfuñando y dijo:*

Yo estaba seguro de que el profeta vendría a verme personalmente. Después iba orar al Señor, su Dios. Y entonces tocaría mi piel enferma y la sanaría. ¹²*Pero no hizo eso. Ni siquiera me envió a bañarme en los ríos de mi país. ¿Acaso no sabe que ningún río de Israel puede compararse con los ríos de mi país? El río Abaná y y el río Farfar de la ciudad de Damasco son mejores.*

Naamán estaba realmente furioso y decidido a regresar a su país. ¹³*Al ver eso, sus sirvientes corrieron a alcanzarlo y le dijeron:*

Padre nuestro, ¿no es verdad que si el profeta le hubiera pedido algo más difícil usted lo habría hecho? Lo único que le dijo fue: "Báñate y quedarás sano".

¹⁴*Entonces Naamán se fue al río Jordán. Allí se bañó siete veces, tal como le había ordenado el profeta de Dios. Cuando terminó de bañarse, su piel estaba totalmente sana. Era como la piel limpia y suave de un niño pequeño.*

¹⁵*Naamán regresó con todos sus ayudantes a donde estaba el profeta de Dios. Se paró frente a Eliseo y dijo:*

—No hay otro dios como el Dios de Israel. De eso estoy bien seguro. Por eso, te ruego que aceptes un regalo de este servidor tuyo.

[16]Pero Eliseo le respondió:

—Yo sirvo al Señor, el Dios vivo. Juro por su nombre que no aceptaré tus regalos.

Naamán siguió insistiendo. Pero Eliseo siempre dijo que no. [17]Después Naamán le dijo:

—Deja que me lleve una carreta llena de tierra de Israel. Quiero llevar conmigo la cantidad que puedan cargar dos mulas. Juro que ya no volveré a ofrecer sacrificios ni ofrendas a otro dios, sino solo a Adonay. [18]Solo una cosa le pido a Dios: que me perdone si tengo que arrodillarme en el templo del dios Rimón. Porque cuando el rey de Siria va allí, entra apoyado de mi brazo y tengo que arrodillarme con él.

[19]Eliseo le respondió

—No te preocupes por eso.

Entonces Naamán se marchó.

Se acababa de ir, [20]cuando Guehazí, ayudante de Eliseo, pensó: "Eliseo dejó ir a ese sirio sin que le pagara el favor. Iré tras Naamán y le pediré algo para mí. Lo juro por el Señor, el Dios vivo". [21]Así que se apuró para alcanzar a Naamán. Naamán vio que Guehazí corría detrás de él. Entonces, bajó de su carruaje y le preguntó:

—¿Pasa algo malo?

[22]—No, Señor, todo está bien— contestó Guehazí. Pero mi amo Eliseo me mandó a decirle a usted que acaban de llegar dos profetas jóvenes. Ellos vienen de las montañas de la región de Efraín y necesitan ayuda. Por eso, le pide a usted que les dé tres mil monedas de plata y dos vestidos.

[23]Naamán le respondió:

—Con todo gusto se los doy. Pero, ¿por qué no te llevas más bien seis mil monedas?

Naamán convenció a Guehazí de que aceptara. Entonces, metió las seis mil monedas de plata y los dos vestidos en dos bolsas. Luego le pidió a dos de sus sirvientes que cargaran las bolsas y acompañaran a Guehazí.

²⁴Juntos llegaron a la colina donde vivía Guehazí. Allí, él tomó las dos bolsas, las guardó en su casa y despidió a los dos hombres. Ambos regresaron a donde estaba Naamán. ²⁵Guehazí se fue a la casa de Eliseo. Eliseo le preguntó:

—¿De dónde vienes?

Y Guehazí respondió:

—De ninguna parte.

²⁶Pero Eliseo insistió:

—Mi espíritu estaba contigo cuando Naamán se bajó de su carruaje para recibirte, .Guehazí, no es tiempo de aceptar dinero, ni vestidos, ni terrenos con árboles de olivo o uvas. Tampoco es tiempo de comprar ovejas y vacas, esclavos o esclavas. ²⁷Por eso, la enfermedad que tenía Naamán se te pegará a ti. También la tendrán tus hijos, tus nietos y todos sus hijos, para siempre.

De inmediato la piel de Guehazí se puso blanca, muy blanca. Se le había pegado la enfermedad que había tenido Naamán. Guehazí tuvo que irse".

2. Se hace el trabajo exegético, tal como ya ha sido presentado previamente. A partir de la exégesis se sugieren y elaboran las ilustraciones y todas las ayudas necesarias para que el niño capte el mensaje del texto tal como la exégesis ha alcanzado. En la exégesis se han descubierto dos grupos de tres personajes cada uno, sin mencionar a Naamán que es el personaje central. En el primer grupo están los verdaderos protagonistas,

la niña pequeña, los sirvientes de Naamán y Eliseo. En el segundo grupo están el rey de Siria, el rey de Israel y Guehazí.

La historia se desarrolla indicando que, si bien Naamán tiene la opción de recurrir a prácticamente todos los personajes de la historia, para su sanidad, solo los protagonistas del primer grupo pueden llevarlo a la curación completa y sin atajos. Cada vez que Naamán recurre a algún personaje del segundo grupo, la posibilidad de su sanidad pierde su curso o sufre un terrible retraso. Considerando estos puntos, procedemos a sugerir las ilustraciones principales; las que acompañarán al texto bíblico. Debido a la extensión del texto, podemos sugerir cuatro ilustraciones: Naamán enfermo, la niña dialogando con la esposa de Naamán, los sirvientes de Naamán hablando con él, Naamán curado. En la sección de ayudas al lector, sugerimos el uso de un mapa, señalando a los dos países, Siria e Israel. A esta sección la llamamos «¿Sabías qué?» También explicamos el tipo de enfermedad de la piel y la palabra lepra. En una sección titulada «Una cucharada de sabiduría», describimos el tipo de relación que tenían Israel y Siria, así como la religión que se practicaba en ese país.

Una vez terminado ese proceso, se procede a la elaboración de las *ayudas pedagógicas*. En este caso, vamos a sugerir dos:

> 1. El primer ejercicio se presenta para ayudar al niño a ubicar a los dos distintos grupos de personajes. Para ello, se muestra un ejercicio de pareo. Las ilustraciones que se presentan con el ejercicio marcarán el contraste entre los personajes por medio del atuendo que llevan y de los roles que cumplen. Las preguntas que

ayudan a ubicar a los personajes correctos se harán de tal manera que el niño descubra a los verdaderos héroes y a los antihéroes de la historia.

2. El segundo ejercicio es un laberinto. El propósito del laberinto es que el niño acompañe a Naamán en su camino a la sanidad y salvación. El laberinto presenta dos vías, una ancha y la otra más angosta. La ancha siempre hará llegar al niño y a Naamán a un personaje adulto y, por ende, un antihéroe de la historia; en cada caso (con el rey de Siria, el rey de Israel y Guehazí), el laberinto los llevará a un callejón sin salida, lo que atrasará la llegada de Naamán a la meta de la sanidad y salvación. La vía angosta es la forma más corta y directa de llegar a la meta. A través de ella, el niño y Naamán se encontrarán con uno de los tres protagonistas importantes del primer grupo: la niña pequeña, Eliseo y los sirvientes de Naamán. Ellos dirigirán al niño y a Naamán a la meta.

A través de estos ejercicios, el niño podrá descubrir el mensaje del pasaje y aplicarlo para su vida y la de aquellos a quienes el niño guiará en el proceso educativo. Tanto en este pasaje como en el de Zaqueo, el niño identificará fácilmente a los protagonistas de la historia. Porque en ambos casos hay una coincidencia de acción con los métodos divinos y con sus caminos de acción. Ese juego divino en el que los niños y los que son como ellos tienen lugar privilegiado; posee una clave hermenéutica que falta a quienes quieren entrar en el juego pero sin querer hacerse niños o pobres.

La necesidad de escuchar otras voces

Para una interpretación de la Biblia más plena, esta debería leerse integrando en el diálogo hermenéutico a otras voces. Me refiero a interlocutores cuyas perspectivas y cosmovisiones difieren sustancialmente de las mías; gente que pertenece a otras razas, etnias, confesiones de fe, clase social, principios morales, etc. En ese sentido, es aleccionador el texto de Joel 2.28-29:

> "Y después de esto:
> derramaré mi Espíritu sobre toda carne,
> y profetizarán vuestros hijos y vuestras hijas;
> vuestros ancianos soñarán sueños,
> y vuestros jóvenes verán visiones.
> Y también sobre los siervos y sobre las siervas
> en aquellos días derramaré mi Espíritu".

El profeta afirma que la Palabra de Dios no queda presa a ningún individuo o grupo particular. No está supeditada a una sola generación o clase social, ni a un solo sexo. Las Sociedades Bíblicas Unidas deberán siempre propugnar para que en sus proyectos haya un saludable balance, de tal manera que no se dé un innecesario privilegio a una versión o audiencia. Más bien las organizaciones que traducen, publican Biblias, así como materiales para la educación bíblica y la catequesis deben tomar un papel protagónico y de liderazgo para ayudar a las iglesias a desarrollar filosofías y estrategias misioneras y de educación cristiana en las que niños, jóvenes, adultos y ancianos; pobres, clase media, adinerados; hombres y mujeres; gente del mundo rural y del urbano, puedan ser a la vez sujetos y receptores de misión y educación en la fe.

Por ello, en el ministerio de las Sociedades Bíblicas Unidas, en los materiales de Escrituras para niños, no solo se los consideran como campo educativo y misionero, sino también, y sobre todo, como protagonistas de la misión divina, la que funciona con la premisa de que *el reino de Dios es de los niños y de los que son como ellos.*

PASTORAL DE LA INFANCIA

Iglesia, familia y niño hoy

Nadie rechaza la idea de que los niños, desde su tierna edad, necesitan ser educados en la Palabra de Dios (2 Timoteo 3.15) porque se consideran y se les considera miembros de la comunidad de fe, formada por la salvación en Cristo Jesús a través de su muerte en la cruz y por la unción del Espíritu Santo. Pero el problema radica en el **cómo** se hace. En un extremo, están quienes consideran al niño como un adulto chiquito. La evangelización y la educación cristiana consisten en recetarle lo mismo que al adulto, pero en una dosis menor. En el otro extremo, están quienes piensan que el niño necesita crecer en la libertad de adquirir y decidir su religión. Ni los padres ni las iglesias sienten urgencia en programar sistemáticamente la educación cristiana de los niños.

Al asunto del «cómo», hay que agregar el del «quiénes». ¿Quiénes son los primeros responsables de la educación en la fe de los niños? En cierta ocasión, un padre que vio a su hijo jugando en el momento en que debería estar en la clase dominical, le dijo a la maestra: «Si el día de mañana mi hijo se convierte en un delincuente o un renegado de la iglesia, a usted la voy a hacer responsable». La pastoral que se desarrolla tanto en las iglesias tradicionales («modernidad») como en las más recientes (en la «posmodernidad», que generalmente no toma en consideración a la comunidad familiar) rara vez involucra a los padres de manera concreta en la estrategia y programación de la educación cristiana.

Es necesario admitir que todo intento por mantener cualquier lugar o tiempo fuera del contexto familiar para la educación en la fe cristiana ha fracasado y seguirá de igual modo. La educación teológica clásica se ha manifestado incapaz de ser obediente al mandato bíblico y de dar respuesta a las necesidades actuales. Desde los centros de educación teológica, pasando por los templos, hasta llegar a los hogares, se tiende hacia una línea educativa intelectualista y teoricista. Basta observar el currículo de la mayoría de nuestros seminarios para darse cuenta de tal hecho. Seminarios e iglesias, maestros y pastores, han caído presos del sistema educativo de escuelas y universidades del mundo actual. La **información** es lo importante, no la **formación**. Currículo y clases se han dividido por edades en la escuela dominical. Las actividades semanales generalmente se programan teniendo en mente a las diferentes edades y sexos: la sociedad de mujeres, de varones, de jóvenes, de intermedios, de niños. En la mayoría de las iglesias, el culto dominical principal está diseñado de tal manera que los niños no participan en él. ¿Existe una actividad educativa significativa que involucre a la familia entera? Por lo general la respuesta es negativa. Ante tal estructuración no es difícil entender por qué los padres hallan tantos problemas para «transmitir» hacia el hogar la fe que aprenden en el templo. Hay que recobrar la visión bíblica: el hogar es el punto de partida de la vida cristiana.

Los maestros pueden darles a los niños una lección sobre la salvación y la vida cristiana pero no pueden acompañar a los niños en la mayor parte de sus experiencias de vida. Son los padres los que tienen el mayor acceso a la vida de los niños. Tristemente, muchos son los hijos de padres «cristianos» que terminan siendo evangelizados en el secundario o en la universidad. La estructura eclesiástica actual y los modelos de misión y evangelización le han robado al hogar cristiano el privilegio de ser el centro desde el cual sus miembros aprendan y vivan la fe cristiana. Por otro lado, es innegable que la educación cristiana dirigida a niños se da desde la perspectiva adulta y en la cosmovisión del adulto. En este contexto, tanto los niños como los adultos han llegado a creer que la educación en la fe y la vida cristiana no conocen el lado humorístico de la vida humana. La enseñanza de la fe y los juegos se mantienen divorciados. Pocas son las instancias en las que se juega aprendiendo y se aprende jugando. En muchas iglesias los líderes y maestros insisten en mantener separadas las dos actividades.

*

¿Qué dice la Biblia?

Desde el principio, la Biblia enseña que el ser humano es creado a la imagen y semejanza de Dios (Génesis 1.26-28). Que tal es la realidad en todo ser humano, parte del hecho de que los hijos son engendrados y nacen a la imagen de Dios porque son imagen y semejanza de sus padres (Génesis 5.3). Esta afirmación bíblica no se refiere al aspecto físico, sino a la realidad de la persona humana como ser libre, social, comunicativo y destinado para el amor. La relación de imagen entre los padres y los hijos trae consigo una responsabilidad y desafío enormes para los padres. Su conducta, sus ideas y sus palabras ejercen profunda influencia sobre sus hijos. La formación o deformación de los hijos tiene que ver, directa o indirectamente, con sus padres. La imagen de Dios en los hijos no proviene de otro ser más que de los padres. Por ello, Deuteronomio 6.4-9 coloca el corazón de la fe bíblica en el seno del hogar. El hogar es el espacio que provee el lugar y el tiempo en el que los hijos deberán educarse en la fe. Cualquier otro lugar y tiempo son periféricos a la familia. Este pasaje presenta importantes principios para la elaboración teórica de una pastoral de la infancia. Veamos:

> 1. La enseñanza de la fidelidad y el amor al Señor **tiene su base y centro en el hogar.** A la vez, **toda discusión sobre la familia debe partir de su centro y principio: el Señor.** El principio fundamental de la fidelidad absoluta a YHVH sirve de elemento gobernante y central para todo aspecto pedagógico: el cómo, el dónde, el cuándo, el quiénes.
>
> 2. En el asunto pedagógico, el pasaje acentúa la transición de lo colectivo y general («Israel») a lo

individual y concreto («tu persona», «tu casa», «tus hijos») y de nuevo a lo general («las puertas de tus ciudades»; es decir, toda ubicación donde tus hijos se encuentren). Esto señala que lo presentado aquí es un programa de vida que mantiene en buen balance a la comunidad y al individuo, teniendo al hogar como eje de ese balance.

3. En relación con lo anterior, encontramos en el pasaje un triple compromiso pedagógico: 1) hacia uno mismo (*«las palabras que hoy te digo quedarán en tu memoria...las atarás a tu muñeca como signo, serán en tu frente una señal»*); 2) hacia los hijos («*...se las inculcarás a tus hijos»*; 3) hacia la comunidad («*las escribirás... en las entradas de tu ciudad»*). Es obvio que el compromiso pedagógico se vuelca primordialmente al hogar. Los versículos 7 y 9 colocan al hogar como el ambiente donde «estas palabras» son objeto de enseñanza y práctica. Los versículos 2025 hablan de esa interacción, narrando los actos portentosos del Señor en el pasado y de sus demandas actuales para el futuro.

4. Los dos siguientes párrafos destacan otros elementos pedagógicos del texto: Los pasos de la dinámica pedagógica: 1) recepción de la enseñanza: «*Escucha ... las palabras»* (v.4); 2) puesta en práctica de la enseñanza: «*Amarás al Señor...»* (v.5); 3) apropiación de la enseñanza: «*quedarán en tu memoria»* (v.6); 4) transmisión de la enseñanza con «*las inculcarás a tus hijos»* (v.7); 5) repaso de la enseñanza: «*hablarás de ellas ...las atarás ...las escribirás»* (vv.79). Los componentes de la dinámica pedagógica: 1) el sujeto: los padres; 2)

el receptor: los hijos; 3) el contenido: "estas palabras»; 4) el lugar: el hogar; 5) el tiempo: toda la actividad humana habitual; 6) la forma: la comunicación oral, escrita y práctica.

De acuerdo con Efesios 6.1-4, el desarrollo del hijo hacia la madurez se da en la dinámica de la honra a los padres y la educación y disciplina en el Señor. En este punto, la enseñanza de este pasaje converge con lo que afirmábamos de Dt 6.4-9: «**toda discusión sobre la familia debe partir de su centro y principio: el Señor**». El principio fundamental de la fidelidad absoluta a Yahvé sirve de elemento gobernante (*regens*) para todo aspecto pedagógico: el cómo, el dónde, el cuándo, el quiénes. La educación y disciplina «en el Señor» impide que otras fuerzas y dinámicas ajenas dominen la formación del niño. He allí el valor de poner en correcta perspectiva el tema de la fidelidad absoluta al Señor. En la educación del niño, la única esfera de su formación es **Dios** La educación cristiana es, por definición propia, una fuerza iconoclasta, es decir, una fuerza destructora de ídolos.

Los pasajes anteriores consideran la pastoral de la infancia como una educación de padres a hijos. El movimiento es **hacia** los niños. Los padres deberán hacer todo lo posible por educar a sus pequeños para ser como Dios. Y eso no puede hacerse sin la mediación de los padres (Gn 5.3; Dt 6.7; Ef 6.4). Esos pasajes dan prioridad a una educación en la cual se da un perfecto balance entre la información y el ejemplo. El contenido de la enseñanza debe primero interiorizarse en los padres (Dt 6.6) antes de transmitírsela a los hijos. Los padres, así, se convierten en profetas para sus hijos; son los mediadores entre ellos y Dios. En relación con este tema aparece otro, pero en sentido inverso: el padre o adulto, puede ser **tropiezo** para el niño. Es decir, así como los padres o adultos pueden ser fuente de formación, existe también la posibilidad de que sean fuente de **de**formación. En otras palabras, los padres pueden convertirse en «tropiezo» para sus hijos o, como sugiera la palabra griega «*skándalon*». Por otro lado, no se debe de olvidar que los niños son sujeto de evangelización y educación. Así que la pastoral de la infancia es bidireccional, es para los niños, pero también es **desde** los niños.

De acuerdo con Jesús, los niños tienen un patrimonio que los hace poseedores legítimos del Reino de Dios; y tienen un «conocimiento» que los coloca como modelo para los adultos (Marcos 10.15; Mateo 18.2-5; 21.15-16). En este punto, Mateo 6.25-34 es muy aleccionador. En ese pasaje, el versículo 33, que es el clímax de todo el capítulo[1] y que habla del reino de Dios definido como justicia, se coloca en el contexto de una vida donde la búsqueda de satisfacer las necesidades de «comer, beber y vestir» no es lo prioritario. El pasaje se desarrolla en un ambiente lúdico, de juego. Jesús invita a su audiencia adulta a mirar, con ojos diferentes, lo que cada día ven, pero con ojos de «adulto»:

> *"Miren los pajaritos que vuelan por los aires. Ellos no siembran, ni cosechan, ni guardan semillas en graneros. Sin embargo, Dios el Padre que está en el cielo, les da todo lo que necesitan. ¿Acaso ustedes no son más importantes que ellos?*
>
> *¿Creen ustedes que por andar preocupados podrían agregarle un día más a su vida? Aprendan de las flores que están en el campo. Ellas no trabajan para hacerse sus vestidos; sin embargo, yo les aseguro*

---

[1] Benedict T. Viviano, "The Gospel According to Matthew", *The New Jerome Biblical Commentary*, Prentice Hall, Englewood Cliffs, 1990, p.646.

que ni el rey Salomón se vistió tan bien como ellas, a pesar de que tuvo muchas riquezas.

Si Dios se preocupa por las flores, haciéndolas hermosas, aunque su vida dura tan poquito; ¿acaso no hará más por ustedes? ¡Veo que todavía ustedes no han aprendido a confiar en Dios!

Ya no vivan tan preocupados preguntando ¿qué vamos a comer? o ¿qué vamos a beber? o ¿qué ropa nos vamos a poner? En eso se pasan pensando los que no han aprendido a conocer a Dios. Ustedes ya no se desesperen por esas cosas; su Padre que está en el cielo sabe que las necesitan". (Mateo 6.26-32, TLA)

Este sistema de valores que Jesús enseña nos arranca del mundo «serio y estructurado» de los adultos y nos coloca en el territorio de los niños. En este mismo contexto, la invitación de la búsqueda del Reino y de su justicia no puede sacarnos de ese territorio. El Reino, que es de los niños y la justicia de Dios, que ellos entienden más que el adulto, exigen que en esta dimensión de la evangelización, sean los niños el sujeto primordial y los adultos, los receptores.

*

Teología desde y para los niños

En la evangelización y en la enseñanza, los niños deben ser a la vez sujetos y objetos de teologización. En la dinámica de la pastoral no debe darse el divorcio entre ambos. La dinámica pedagógica mantendrá en tensión balanceada el hecho de que tanto adultos como niños son sujeto y objeto de la educación. Jean Piaget nos recuerda que las preguntas de los niños son más funcionales que teoréticas. Las respuestas que ellos esperan son las que tienen sentido para sus propias vidas. Es decir, las que se definen desde ellos como niños, y no desde una concepción que los considera «adultos chiquitos». Y el espacio natural donde los niños pueden definirse como tal es el hogar. Ese es el mundo donde a los niños se les permite, con más facilidad, ser a la vez formales e informales. El hogar es, y debe ser, el centro desde donde el niño se entrene en todas las áreas de la vida, especialmente el aspecto lúdico; el mundo del juego. Por ello, la Biblia y la experiencia demuestran que el primer escenario de la evangelización y la educación en la fe es el hogar, la familia. Hacia allí debe dirigirse, en primer lugar, una educación en la fe que encierre lo más serio y humanizante de la fe y la teología (véase Dt 6.4-9, 20-25). Allí, más que en ningún otro foro, hay mayores posibilidades para que niños, jóvenes, mujeres y hombres sean a la vez sujetos y receptores de enseñanza. Allí, más que en otro lugar, hay un espacio natural para que la educación en la fe sea no solo información, sino sobre todo formación. La familia es el lugar ideal para enseñar y aprender la teología en el contexto del juego, y no como una tarea académica, restricta, formal e inflexible.

Y es en el área del juego donde los niños tienen más material para enseñar a los adultos que viceversa. Los niños poseen ese reino y son dueños de su estructuración. Un reino, como dice Jean Duvignaud, donde el campo de experiencia esté «desligado de toda función o finalidad en el sistema social. *Un campo en el que la gratitud, el azar y el juego no se confundan con las reglas que definen una cultura establecida y reproducida regularmente*».[2] Si el adulto de hoy quiere rescatar la dimensión perdida de *homo ludens* necesita volver la mirada hacia los niños y dejarse formar desde y por ellos.[3]

Hoy, los niños ya no son pasivos receptores del evangelio, sino que se han convertido en serios cuestionadores de una religión donde verbalización y praxis no se dan de la mano. Sé del caso de un niño de nueve años que, por querer mantener unidos los principios de fe enseñados en la casa y la iglesia junto con una práctica comprometida de esos principios, fue llevado al psiquiatra porque no era «normal». Terminó evangelizando al psiquiatra, un maestro de Harvard. No olvidemos que en la Biblia el movimiento de educación para la vida en el Reino es de abajo hacia arriba. Debió de haber sido aleccionador y humillante a la vez que Jesús dijera a sus discípulos que el reino de los cielos es de los niños y que para ingresar a ese reino, hay que recibirlo como tal (Mc 10.14-15).

*

---

2 Duvignaud, J. *El juego del juego*, Fondo de Cultura Económica, México, 1982, p.23.

3 Este término proviene del libro *Homo ludens* escrito por Johan Huizinga filósofo e historiador holandés, en 1938. En su obra se dedica al estudio del juego como una función humana tan esencial como la reflexión (*homo sapiens*) y el trabajo (*homo faber*).

Traducción de la Biblia para niños

El uso de la Biblia en la formación de los niños, tal como lo vemos en América Latina y tal como ha sido nuestra experiencia a través de tres décadas como miembros del Departamento de traducciones de las Sociedades Bíblicas, incluye, al menos, tres ítems: una teología desarrollada desde la perspectiva infantil; una traducción de las Escrituras y la preparación de materiales de apoyo que consideren el niño no solo como receptor de la educación sino, como se ha señalado en este ensayo, como sujeto de su propia educación y de la educación y formación de los adultos. En realidad, lo que se requiere es una nueva reforma en la iglesia con la conformación de comunidades de fe que mantengan espacios abiertos para la plena participación de los niños en todas las áreas de la pastoral y de la misión.

El punto sobre la teología se ha tratado en un capítulo aparte. Aquí nos concentramos, por ahora, en la traducción: ¿Qué hace de una traducción un texto para jóvenes lectores? Obviamente existen varias respuestas a esa pregunta. Una cosa es clara, aunque existen ciertos elementos que se comparten de la traducción de la Biblia a diferentes idiomas, también hay importantes diferencias, sobre todo tratándose de una traducción para un público tan especial. Eso quiere decir que cada proyecto de traducción de las Escrituras para niños a un idioma concreto, además de integrar las experiencias y aportes de otros idiomas, deberá de crear sus propios principios de acuerdo con la característica lingüística del idioma, así como de las características propias de la literatura infantil escrita o traducida en ese idioma.

Cuando nos preparábamos para la traducción de una Biblia para niños, en el idioma español de las Américas, aunque recibimos excelentes ideas y consejos de sazonados consultores de traducción que habían trabajado en traducciones de las Escrituras para este tipo de público, bien pronto nos dimos cuenta de que más que escuchar a los especializados en traducciones bíblicas, la ruta correcta era la de empaparnos de textos de la literatura infantil castellana. Así que tanto el coordinador de todo el proyecto, como los traductores, revisores y creadores de materiales de apoyo leímos y estudiamos todo lo referente a la literatura infantil en castellano: cuentos, novelas, poemas, cantos, textos de juegos infantiles, etc.

Como resultado de esa formación, descubrimos que la traducción de una Biblia para niños en español no podía ser igual de una del inglés o del indonesio, para citar dos ejemplos. La rica tradición literaria infantil castellana era nuestro mejor ejemplo y desafío. Descubrimos, por ejemplo, que la paráfrasis o glosación aplicada en traducciones a otros idiomas no era lo mejor para la traducción castellana para niños. Tampoco lo era —algo que varias veces escuché de traductores de materiales para niños en inglés— el restringir la cantidad de vocablos castellanos en la traducción para niños, especialmente de términos sencillos, evitando los complicados por su pronunciación y extensión. Aprendimos, sobre todo, que una buena traducción para niños debía de ser a la vez una obra literaria de excelente calidad, manteniendo un lenguaje natural, de buena cadencia y sonoridad.

Como nuestra traducción, *Traducción en Lenguaje Actual* (TLA), está, más que todo, orientada a ser escuchada y no tanto a ser leída por nuestra principal audiencia, se tomaron en cuenta varios elementos que a continuación se enumeran, sin intentar ser exhaustivos:

1.- A diferencia de las versiones castellanas existentes, la TLA coloca el énfasis en la comprensión oral del mensaje bíblico. Por ello, se han aplicado principios de traducción diseñados especialmente para ella. Se ha prestado especial atención al enfoque, transición, los diversos planos en los que aparecen los personajes, la relación que se da entre la vieja y la nueva información, cómo termina una oración y cómo empieza la siguiente, cambios de sustantivos y pronombres, la distancia entre el sujeto y el predicado, el acento de las sílabas, el ritmo de las construcciones gramaticales y los sonidos de las sílabas y las palabras.

2.- En esta traducción, el párrafo lleva precedencia sobre las otras unidades menores. Como tal, se ha prestado cuidadosa atención a la construcción de estos. Por ejemplo, en el caso de los relatos, cada nuevo discurso directo (en un diálogo) abre un nuevo párrafo. Véase como ejemplo el caso de Jonás 4.1-10:

> "¹*Jonás se enojó muchísimo, pues no le gustó que Dios hubiera perdonado a la gente de Nínive. ² Muy molesto, le dijo a Dios:*
>
> *–¡Ya lo decía yo, mi Dios!, ¡ya lo decía yo! Hiciste lo que pensé que harías cuando aún estaba en mi tierra. Por eso quise huir lejos de ti.*
>
> *Yo sé que eres un Dios muy bueno; te compadeces de todos y es difícil que te enojes. Eres tan cariñoso, que cuando dices que vas a castigar, después cambias de opinión y no lo haces. ³ A mí me molesta eso; prefiero que me quites la vida. Si vas a ser así, mejor mátame.*
>
> *⁴ Dios le preguntó a Jonás:*
>
> *–¿Qué razón tienes para enojarte así?*

⁵ *Jonás salió de la ciudad y se fue a un lugar desde donde podía verlo todo. Luego cortó unas ramas y construyó un refugio para protegerse del sol. Se sentó bajo la sombra, y se puso a esperar lo que iba a pasarle a la ciudad.*

⁶ *Por su parte, Dios hizo brotar una planta; ésta creció y cubrió el refugio de Jonás. Así Dios le dio a Jonás una sombra mejor, para que no sintiera tanto calor. ¡Jonás quedó muy contento con aquella planta!*

⁷ *Pero después, Dios hizo que un gusano viniera al otro día, y picara la planta. Esta pronto se secó,* ⁸ *y cuando salió el sol, Dios mandó un viento tan caliente que el pobre Jonás casi se desmayaba. Era tanto el calor que Jonás quería morirse; por eso gritó:*

–¡Prefiero morir que seguir viviendo!

⁹ *Entonces Dios le preguntó a Jonás:*

–¿Crees que es justo que te enojes tanto porque se secó esa planta?

–Por supuesto que sí –dijo Jonás–. Sin ella, prefiero morirme.

¹⁰ *Dios le respondió a Jonás:*

–Estás preocupado por una planta que no sembraste ni hiciste crecer. En una noche creció, y en la otra se secó. ¿No crees que yo debo preocuparme y tener compasión por la ciudad de Nínive? En esta gran ciudad viven ciento veinte mil personas que no saben qué hacer para salvarse, y hay muchos animales.

Se inicia un nuevo párrafo cuando la narración cambia de dirección o cuando un personaje se mueve de un plano secundario al primario. Véase como ejemplo el cambio que se da entre Jonás 3.9 y 3.10 (en el versículo 9 el rey de Nínive termina de hablar, y en el versículo 10, Dios aparece como el actor principal):

> ⁹ *Si dejamos de hacer lo malo, tal vez a Dios se le pase el enojo, y no nos destruirá.*
> ¹⁰ *Y al ver que toda la gente de Nínive dejó de hacer lo malo, Dios decidió no destruirlos.*

3.- Se ha tomado en consideración la información explícita y la implícita. En algunos casos, para evitar innecesarias repeticiones, la información explícita se deja implícita. Esto ha ocurrido sobre todo en textos donde, debido a ciertas fórmulas o prácticas de redacción, se repiten el mismo texto varias veces; véase como ejemplo 1 Crónicas 1.43-54:

Los reyes de Edom

> ⁴³⁻⁵⁴ *Antes de que hubiera reyes en Israel, los descendientes de Esaú, que vivían en Edom, tuvieron varios reyes. Cada rey gobernaba hasta el día de su muerte, y entonces otro ocupaba su lugar.*
> *Esta es la lista de los reyes de Edom:*
> *Bela hijo de Beor, de la ciudad de Dinhaba.*
> *Jobab hijo de Zérah, del pueblo de Bosrá.*
> *Husam, de la región de Temán.*
> *Hadad hijo de Bedad, de la ciudad de Avit.*
> *Samlá, del pueblo de Masrecá.*
> *Saúl, del pueblo de Rehobot, junto al Éufrates.*
> *Baal-hanán hijo de Acbor.*
> *Hadad de la ciudad Pau.*
> *La esposa de Hadad de Pau se llamaba Mehetabel y era hija de Matred y nieta de Mezaab.*
> *Hadad de Avit derrotó a Madián cuando pelearon en el campo de Moab. Después de que murió, los edomitas tuvieron a los siguientes jefes:*

Timná,
Alvá,
Jetet,
Oholibamá,
Elá,
Pinón,
Quenaz,
Temán,
Mibsar,
Magdiel,
Iram.

En otros casos, la información implícita se hace explícita. Se ha hecho eso cuando se considera que la información es importante para que el lector u oyente entienda bien el sentido total del párrafo o de la oración. Véanse como ejemplos Lucas 2.1 y 1 Reyes 1.5-7:

LUCAS 2.1

RVR	BLS
Aconteció en aquellos días, que se promulgó un edicto de parte de Augusto César, que todo el mundo fuese empadronado.	Poco antes de que Jesús naciera, Augusto, emperador de Roma, mandó hacer un censo, es decir, una lista de toda la gente que vivía en el Imperio Romano.

1 REYES 1.5-7

RVR	BLS
Entonces, Adonías, **hijo de Haguit** se rebeló, diciendo: Yo reinaré, Y se hizo de carros y de gente de a caballo, y de cincuenta hombres que corriesen delante de él. Y su padre nunca le había entristecido en todos sus días con decirle: ¿Por qué haces así? Además, éste era de muy hermoso parecer; y había nacido después de Absalón. Y se había puesto de acuerdo **Joab hijo de Servia** y con el sacerdote Abiatar, los cuales ayudaban a Adonías.	Adonías, **el hijo que David había tenido con Haguit**, era un joven bien parecido. Había nacido poco después que su hermano Absalón. David nunca había corregido a Adonías ni le había preguntado por qué hacía esto o aquello. Y así, Adonías comenzó a presumir que él sería el próximo rey de Israel. Preparó carros de combate, soldados de caballería y cincuenta guardaespaldas que lo protegieran. Además, hizo un trato con **Joab que era hijo de una mujer llamada Seruiá**; éste era jefe del ejército. También hizo trato con el sacerdote Abiatar. Así aseguró el apoyo de ambos.

4. Como el énfasis está en la comunicación fiel y natural y no tanto en la traducción de palabras u oraciones, la TLA ha buscado hacer comprensible el significado del texto tomando en cuenta las expresiones idiomáticas, las figuras del lenguaje y, en un buen número de casos, el significado profundo de un texto, cuyo sentido solo se logra por medio de la exégesis. Lo que yo he llamado «traducción exegética». Los dos textos anteriores son ejemplo de esto.

5. Inclusividad: Se ha hecho todo lo posible por evitar el lenguaje machista y patriarcal, aplicando una traducción y exégesis de género. Además, con la ayuda de personas que viven con alguna discapacidad o que trabajan con ellas, se han evitado giros y expresiones denigrantes y condescendientes o de lástima. Textos que han mantenido ocultos y silenciados a niños y a otras minorías también han sido trabajados de tal manera que no solo el texto bíblico, sino también los títulos de párrafos y secciones los empoderen y les den más visibilidad y protagonismo. Véanse los siguientes ejemplos:

En primer lugar, se ha hecho todo lo posible por evitar el uso de la palabra «hombre» para referirse tanto a los varones como a las mujeres. Las veces que esta palabra aparece se refiere solo a los varones. Debido a las particularidades lingüísticas del castellano, la inclusividad léxica es mucho más difícil que en idiomas como el inglés. Por ello, se han buscado giros y maneras de hablar de conjuntos o grupos de personas que incluyen tanto a hombres como a mujeres.

También se han tomado en consideración los títulos de párrafos de tal modo que el título haga justicia a las mujeres que tienen un papel protagónico en el pasaje o discurso. Un ejemplo de tal cambio lo tenemos en Josué 2. En ese texto tanto la

Reina-Valera, Revisión de 1969 (RV60) como la *Dios Habla Hoy* (DHH) ponen un título que solo se refiere a Josué y a los espías que él envía. Sin embargo, al leer la historia el lector se da cuenta de que la verdadera protagonista es Rajab. Como consecuencia, la TLA titula la narración de la siguiente manera: "**Rajab y los espías**". Tenemos un ejemplo del Nuevo Testamento en Hechos 18.24. Tanto RV60 como DHH tienen el siguiente título: «Apolo predica en Éfeso». El título en la TLA ahora dice así: "**Priscila, Aquila y Apolo**". En este caso, el enfoque principal del párrafo es el proceso por el cual Apolo llega al conocimiento de la buena noticia acerca de Jesús. La instrucción que le dan Priscila y Aquila es clave, pues ellos fueron colaboradores de Pablo en Corinto durante más de año y medio, y por tanto la incipiente iglesia en Éfeso se constituye como una comunidad más entre la red de iglesias paulinas.

En tercer lugar, presentamos algunos ejemplos de textos en los que la TLA ha hecho, a través de la exégesis, cambios significativos respecto de las versiones castellanas existentes.

1. **1 Corintios 11.3.** Tanto la RV60 como la DHH traducen literalmente la palabra κεφαλη como «cabeza». Si bien el sentido en los escritos de Pablo, y particularmente en 1 Corintios, es polisémico, para la mayoría de los lectores y oyentes, ser «cabeza» de otro, especialmente si esa persona es considerada inferior o si está en una posición de inferioridad, significa «estar en situación de autoridad respecto del otro». De tal modo que no podíamos mantener la palabra «cabeza» para quienes se creó la TLA.

Una lectura de género lleva a considerar que, tal como indica el contexto (vv. 8-9), lo que Pablo tiene en mente acá es el relato de los orígenes, el de la creación de la mujer a partir del hombre, en Génesis 2.21-22. El texto de 1 Corintios 11.3 no tiene nada que ver con una cadena de autoridad sino con una cadena de fuentes. En el pensamiento de Pablo, Cristo se constituye en «cabeza de todo hombre» porque se le atribuye ser agente de Dios en la creación del mundo (1 Co 8. 6) y por eso de la primera criatura humana (Gn 2.7). En consecuencia, este versículo ahora reza así: *"Ahora quiero que sepan esto: Cristo es el origen del varón, el varón es el origen de la mujer y Dios es el origen de Cristo".*

2. **1 Corintios 11.10.** Las versiones castellanas, al menos las publicadas por SBU en castellano, traducen literalmente el griego: *señal de autoridad sobre su cabeza.* El sentido de esta frase, por más que la mujer sea el agente, se ha entendido y se entiende como «sumisión al esposo». Por ejemplo, la DHH-EE, dice en su nota al respecto: «*Una señal de autoridad: lit. autoridad; probablemente el velo, como símbolo de la autoridad y de la protección que ejerce el marido (11.5 nota f).* Este sentido se reitera aún más en dos versiones contemporáneas publicadas bajo el auspicio de la Iglesia Católica, en la Biblia latinoamericana y la Biblia de América. Ambas dicen: «*Señal/signo de dependencia*». En la TLA, el texto dice: *Por eso, la mujer debe ejercer*

control sobre su cabeza, por respeto a los ángeles". Así queda más claro el hecho de que la mujer (agente) es la que ejerce el propio dominio sobre sí misma. En el contexto de este versículo, Pablo ha exhortado a las mujeres que oran y profetizan en el culto que se cubran la cabeza (probablemente con el peinado usado por toda mujer decente, o posiblemente con un velo, pero ver. v. 15). El versículo 10 recalca el hecho de que las mujeres mismas tienen la autoridad para tomar esta decisión; tienen control sobre su propia cabeza. La mujer debe ejercer este control sobre su arreglo personal para no ser vista como una «sinvergüenza» (v. 6).

Como resultado de este trabajo, que ya lleva cerca de una década en manos del público, hemos descubierto que aquello que originalmente se pensó de manera concreta para niños y jovencitos de entre 8 y 14 años, ha resultado un excelente texto para equipos de traducción a lenguajes indígenas, para personas que tienen al castellano como segundo idioma y para un público general, especialmente a personas ancianas que siguen usando la RV60, pero ahora la leen ayudándose con un texto más entendible como lo es la TLA. El texto de la TLA está siendo usado como base para una importante cantidad de materiales de educación cristiana y catequesis —la serie *Crece y Aprende*; la serie *ABC*, para niños pequeños que se inician en la aventura de la lectura; la serie *Tesoros Escondidos*, que ofrece lecturas diarias; etc.— así como diferentes tipos de Biblia de Estudio, como la edición *Ishá*, que contiene excelentes ayudas desde la perspectiva de la mujer y orientadas a empoderar a la mujer. La edición *H²O* para jóvenes, con ayudas propias para ese público y también *La Biblia de la familia*, *La Biblia GPS [Guía, Poder y Sabiduría]* que contiene una rica variedad de notas para ayudar en la lectura y comprensión de las Escrituras.

En todos estos materiales, se ha intentado entregarles al niño y al joven no solo una traducción asequible a ellos, sino también «herramientas» y métodos de estudio bíblicos de acuerdo con sus necesidades, niveles de comprensión y escolaridad y de su acercamiento al mundo que los rodea. Todos ellos con el objetivo de crear espacios y actitudes tendientes al respeto a otros, al empoderamiento y al desarrollo de una vida basada en la justicia y la paz.

*

Una misión y una pastoral desde y hacia la niñez

En un espacio apretado, pero elocuente, el evangelista Lucas nos da un retrato de Jesús como niño (Lucas 2.52), describe que crecía en estatura (lo físico); crecía en el conocimiento (el intelecto); crecía en su relación con Dios (lo espiritual); y crecía en su relación con las personas. Si tomamos a Jesús como modelo de ser humano, será necesario concluir que la evangelización bíblica y verdadera es la que desafía a todo hombre y mujer a una vida plena en el Señor. Se evangeliza a todo el ser humano; no solo a su «alma» o entidad espiritual. Jesús sanó enfermedades que distorsionaban el físico, el intelecto, el aspecto religioso y lo social. Jesús sanó a cojos, ciegos y sordos. También sanó a dementes. Sanó a leprosos, dándoles acceso a formar parte de la sociedad normal. Perdonó el pecado de publicanos y prostitutas y les abrió el camino para vivir como hijos de Dios. Con lo anterior, la evangelización necesita recobrar la dimensión de la imagen de Dios en el ser humano. La evangelización verdaderamente bíblica reconoce que cada individuo es único e irrepetible. Por ello, al evangelizar se debe respetar la individualidad de la imagen de Dios en cada persona y ayudarle a desarrollar esa imagen en toda su magnitud. En este sentido, padres, maestros y pastores, buscarán la evangelización del niño para la libertad y la realización de su individualidad. En su obra *El profeta*, Gibrán Jalil Gibrán explica lo siguiente sobre los niños:

"Una mujer que llevaba a su hijo sobre el pecho dijo:
—Háblanos de los niños. Y él contestó
—Vuestros hijos no son vuestros. Son hijos del anhelo de la vida. Son concebidos a través vuestro,

mas no de vosotros, y no obstante vivir juntos, no os pertenecen. Podéis darles vuestro amor, mas no vuestros pensamientos. Porque ellos tienen los suyos. Podéis albergar sus cuerpos, mas no sus almas. Porque éstas habitan en la casa del mañana, que no podréis visitar ni siquiera en sueños. Podréis pretender ser como ellos, mas no oséis hacerlos como vosotros. Porque la vida no retrocede ni se detiene con el ayer. Sois el arco del cual vuestros hijos son disparados cual flechas vivientes. El Arquero mira al blanco sobre el camino del infinito, y os dobla con Su fuerza de manera que las flechas puedan volar rápidas y distantes. Dejad que vuestro encorvamiento en la mano del Arquero sea por placer: porque, así como ama la saeta voladora, así ama también el arco que está tenso".[4]

La pastoral de la infancia y la evangelización integral necesitan tomar en consideración también el elemento lúdico de la vida. Tan pronto pasemos al contexto del juego, los adultos tenemos que ceder el liderazgo a los niños y dejarnos enseñar por ellos. En la vida de la iglesia el espacio para el juego, para lo lúdicro, no sólo debe ubicarse en el momento social, sino que debe encontrar amplia cabida en la liturgia, en la teología y la educación. De hecho, en los estudios sobre el desarrollo humano, la etapa infantil se caracteriza por la inclinación constante al juego. Tanto el texto de la Escritura como las ciencias de la personalidad humana coinciden en eso. En otro capítulo de esta obra se hace referencia al texto de Isaías 11.1-9. Es imposible hacerse un cuadro realista de ese texto, si no se incluye el carácter lúdico que forma parte del protagonismo infantil. De hecho, Isaías 11.8 usa la palabra hebrea que tiene, como una de

---

[4] *Obras selectas de Gibrán Jalil Gi*brán, Editorial del Valle de México, S.A., México, 1976, p.200.

sus acepciones el juego (*sha'a'*). Además, tal como cuenta Mateo 21.12-17, mientras que a los comerciantes y líderes religiosos del templo no les incomodaba nada el comercialismo y corrupción que practicaban, sí se sentían insultados e incómodos por las sanaciones de ciegos y cojos, y por la algarabía infantil en pleno templo. Y, ¿qué de los juegos litúrgicos de Josué 6 en donde el triunfo sobre el enemigo —tal como dice el salmo 8.2— se dio no tanto por la maquinaria pesada de la guerra, sino por la bulla de trompetas y gargantas de todo el pueblo, incluyendo las infantiles (vv.16 y 20).

En la práctica pastoral eclesiástica, la catequesis, la liturgia y la evangelización, si consideran a los niños como participantes activos y principales, entonces no pueden evitar el juego como ingrediente central y como fuerza liberadora y salvadora de un mundo y una práctica en los que el «adulto» ha demostrado ser un fracaso.

La evangelización integral busca también la formación de los niños en la **no-violencia**. En un mundo violento, la iglesia necesita ejercer una pastoral que contrarreste la fuerza destructiva de la sociedad en que vivimos. El niño evangelizado deberá crecer en un ambiente donde no sea ni sujeto ni objeto de violencia. Los juegos y juguetes, la educación y profesión, las opciones éticas y políticas, todas deben darse en el espíritu de las bienaventuranzas: «Felices los que crean la paz». En todo ello, los padres deben dar directrices, pero no imponer modelos de conducta y de vida. Dicen Bob y Janet Aldridge:

> *"En la medida que los hijos crecen y se hacen adultos, generalmente adoptarán los valores que nosotros los padres realmente vivimos, muy a pesar de cuánto vocalicemos lo opuesto. Permitir que*

> *la joven generación llegue a su propio andamiaje de valores es en sí mismo una forma de inculcar la no-violencia; mientras que la imposición vendría a ser una forma de coerción violenta. Cuando reconocemos que los jóvenes tienen la habilidad de tomar buenas decisiones, estamos enseñándoles a considerar y respetar a los demás".*[5]

Estas reflexiones nos llevan a concluir con la idea de que una evangelización integral y una pastoral verdaderamente bíblica tienen como meta la formación de cada ser humano en el amor. Saint-Exupéry, el autor de *El principito*, nos ha dejado acaso la mejor definición humana del amor: «*Quizá el amor sea el proceso de dirigir al otro gentilmente hacia él mismo.*»[6] ¡Cuánto cuesta lograr esto! Pero eso es precisamente lo que Dios quiere. El verdadero encuentro con Dios no se puede dar sin el encuentro con uno mismo. Para poder seguir a Jesús y cargar la cruz es necesario que el discípulo se niegue a sí mismo. Y esto no puede suceder si el discípulo no se ha encontrado primero a sí mismo. Jesús no permitió que el diablo, ni Pedro, definieran de acuerdo con ellos qué era lo correcto para él. Fue Jesús, en la intimidad con el Padre y en el encuentro con su propia vocación, quien caminó por sí mismo la senda de la cruz y logró la salvación de los demás. El camino a la cruz fue el grito de libertad de Jesús frente a todos los demás. Nadie, ni siquiera sus padres pudieron detenerlo. Nuestro ministerio paternal y nuestra pastoral familiar deberán preparamos para formar hijos que de cara a Dios y frente a sí mismos puedan decidir su camino de servicio. Nuestra mayor satisfacción será escuchar en los labios de ellos: «*Mis padres me condujeron a encontrarme*

---

5 *Children and Nonviolence* (Pasadena: Hope Publishing House, 1987), p.84

6 Citado por Leo Buscaglia en el libro *Vivir, amar y aprender* (México: Editorial Diana, 1985), p.29.

a mí mismo y me abrieron así el camino hacia Dios». En este contexto, me parecen muy instructivas las tres parábolas que aparecen citadas en el libro *Seven Things Children Need*:[7]

> *"Tomé la mano de un pequeño entre la mía. Él y yo íbamos a caminar juntos por un buen tiempo. Yo debía conducirlo hasta el Padre. Sentí que la tarea me abrumaba; la responsabilidad era tremenda. Por ello me preocupé de hablarle al niño sólo acerca del Padre. Le describí el rostro severo del Padre, para infundirle respeto. Caminamos bajo los grandes árboles. Y dije: «el Padre tiene poder para arrojar sobre ellos relámpagos y destrozarlos de un solo golpe.» Caminamos bajo los rayos del sol. Y le dije: «el Padre es tan grande e inmenso que fue capaz de hacer al sol que todo lo quema y consume.»*
>
> *Un día, al caer la noche, llegamos a donde estaba el Padre. El pequeño se escondió detrás de mí; estaba aterrorizado. No quería mirar a ese rostro tan amable. El pequeño recordaba la descripción que le hice. No se atrevía a colocar su pequeña mano en la del Padre. Yo permanecí entre el pequeño y el Padre. Empecé a reflexionar: «fui tan serio; tan concienzudo.»*
>
> *Tomé la mano de un pequeño entre la mía. Yo debía conducirlo hasta el Padre. Me sentí abrumado por la multitud de cosas que necesitaba enseñarle. Nunca vagamos sin rumbo por el camino. Nos dirigimos a prisa de un lugar a otro. Un momento comparamos las hojas de diferentes árboles; en otro, examinamos el nido de un pájaro. Mientras que el pequeño me hacía preguntas sobre el nido, yo lo jalaba para alcanzar una mariposa. Cuando empezaba a cabecear, yo lo despertaba; no quería que el pequeño*

---

7 De John M Drescher, Scottdale, Pennsylvania: Herald Press, 1976, pp.131-133. La obra en castellano se llama *Siete necesidades básicas del niño*, El Paso: Editorial Mundo Hispano, 1983, pp.105-107. La cita en el trabajo se basa en la obra original.

se perdiera de nada. Deseaba que el pequeño viera todo. Siempre hablamos del Padre, pero rápido. Vertí en sus oídos todas las historias que debía conocer; pero con muchas interrupciones. A cada soplo del viento, habría que hablar de él; al salir las estrellas, a explicar su porqué; y al mirar un arroyo, a seguir su curso.

Una noche, por fin, nos encontramos con el Padre. El pequeño apenas pudo echarle una mirada. El Padre le tendió la mano, pero el niño no pudo tomarla. Las rojas mejillas le quemaban. Cayó exhausto al suelo y se quedó dormido. Permanecí, otra vez, entre el Padre y el pequeño. Reflexioné. ¡Quise enseñarle tantas, pero tantas cosas!

Tomé la mano de un pequeño para conducirlo al Padre. Mi corazón se llenó de gratitud por tan gozoso privilegio. Caminamos pausadamente. Acomodé mis pasos a los pequeños pasos del niño. Hablamos de las cosas que captaron la atención del chico.

Algunas veces, fue una de las aves del Padre. Observamos cómo construyó su nido y contemplamos cómo depositaba los huevos. Tiempo después, miramos maravillados la ternura con la que cuidaba a sus polluelos. Otras veces, recogimos una de las flores del Padre. Palpamos sus delicados pétalos y nos extasiamos con sus colores brillantes. A menudo hablamos de las historias del Padre. Yo se las conté al pequeño y él me las relató a mí. Hablamos de ellas una y otra vez. Algunas veces, nos detuvimos a descansar recostados a la sombra de los árboles del Padre, en silencio y sintiendo en el rostro la brisa fresca del Padre.

Una tarde, finalmente, nos encontramos con el Padre. Los ojos del pequeño se encendieron. Levantó el rostro y miró a la cara del Padre, lleno de amor, de confianza y de entusiasmo. Colocó sus manitas en las del padre. Por un momento fui olvidado. Me sentí satisfecho".

BIBLIAS

BJ09   *Biblia de Jerusalén*, Editorial Desclée De Brouwer, S.A., Bilbao, 2009.

DHH-EE *Dios Habla Hoy, Edición de Estudio*, Sociedades Bíblicas Unidas, Miami, 1996.

LPD   *La Biblia, Libro del Pueblo de Dios*, Editorial Verbo Divino, 2015.

RV60   *La Santa Biblia, Versión Reina-Valera*, Sociedad Bíblica Americana, Nueva York, 1960.

TLA   *Traducción en Lenguaje Actual, Eco Biblia*, Sociedades Bíblicas Unidas, Miami, 2011.

SOBRE EL AUTOR

Edesio Sánchez Cetina, mexicano.
Reside en San José, COSTA RICA.

Maestría y Doctorado (PhD) en el Union Prebiterian Seminary de Richmond, Virginia, Estados Unidos; Grado Honorífico de Doctor en Letras Bíblicas (DLB) del Instituto Internacional de Estudios Superiores, Ciudad De México.

Es consultor emérito de traducciones bíblicas con las SBU (Sociedades Bíblicas Unidas) en las Américas. He participado en las siguientes traducciones de la Biblia como Consultor: Maya de Yucatán, México; 'Tzotzil de Chiapas, México; Guaraní de Paraguay; Miskitu y Sumo de Nicaragua; Poqomchí de Guatemala; Kuna de Panamá; Biblia de Estudio de la Dios Habla Hoy; Coordinación general de la Traducción en Lenguaje Actual. Responsable del Departamento de Traducciones para todas las publicaciones para niños, Editor con Esteban Voth de los Comentarios para la Exégesis y la Traducción. Ha editado y publicado los siguientes libros y comentarios: Descubre la Biblia, Enseñaba por Parábolas, Sabiduría para Vivir (estudios en el libro de Proverbios), Qué es la Biblia, Antiguo Testamento y América Latina; Comentarios a: Deuteronomio, Josué, Jueces y Malaquías, 1 y 2 Reyes, Proverbios. Autor de muchos artículos sobre exégesis y teología bíblica, formación y desarrollo de la Biblia y traducción de la Biblia.

En la actualidad continúa participando en algunos proyectos de traducción y educación a traductores de la Biblia (como profesor y consultor). A partir de invitaciones de iglesias, Instituciones teológicas y otras instancias, ofrece, durante el año, conferencias, sermones, clases y talleres sobre traducción de la Biblia, exégesis, teología bíblica, y uso pastoral de la Biblia.

Miembro de la Society of Biblical Literature (USA e internacional).
Miembro de la Fraternidad Teológica Latinoamericana. En la actualidad es Vicepresidente del Comité Directivo.

SOBRE EL MOVIMIENTO

El *Movimiento con la Niñez y la Juventud* surge en el año 2000 en el marco del Cuarto Congreso Latinoamericano de Evangelización (CLADE IV) de la *Fraternidad Teológica Latinoamericana*, en Quito, Ecuador, a través de "La Consulta de Ministerios sobre Niñez" en la cual participaron 105 personas, con el lema "Iglesia Latinoamericana deja a los niños y niñas venir a mí". Desde entonces, representantes de diferentes organizaciones basadas en la fe comprometidas con las nuevas generaciones han trabajado colectivamente en cuatro objetivos principales: fundamentación, movilización, protagonismo e incidencia pública.

En la actualidad el *Movimiento con la Niñez y la Juventud* está integrado por diversas organizaciones regionales, entre ellas: Compasión Internacional, Claves- Juventud para Cristo, Viva de América Latina, Tearfund, World Vision, Paz y Esperanza, y la Unión Bautista Latinoamericana.

El propósito de esta iniciativa es movilizar a las iglesias e instituciones cristianas en América Latina y El Caribe hacia un compromiso con el desarrollo y la protección integral de la niñez y juventud, en procura de una vida plena. Asimismo, tiene la visión de ser un interlocutor reconocido en la promoción del desarrollo integral de los niños, las niñas, adolescentes y jóvenes, donde éstos sean participantes protagónicos. Nuestro ámbito de servicio son las iglesias, instituciones cristianas y sociedad latinoamericana y caribeña.

En su recorrido, el MNJ ha contribuido significativamente en el desarrollo de perspectivas bíblico-teológicas en clave de niñez, mediante libros, manuales y documentos oficiales que reflejan nuestra historia y pensamiento. Por otro lado, apoya y realiza campañas de sensibilización a favor de la niñez y la juventud en América Latina y el Caribe.

WWW.MOVIMIENTONJ.ORG

› 199

JU1 JUANUNO1 PUBLISHING HOUSE LLC.

www.ingramcontent.com/pod-product-compliance
Lightning Source LLC
Chambersburg PA
CBHW071913110526
44591CB00011B/1658